会计模拟实训

主　编　何文颖
副主编　何梅萍　刘国庆
林桂丹

广东高等教育出版社
Guangdong Higher Education Press
·广州·

图书在版编目（CIP）数据

会计模拟实训/何文颖主编. —广州：广东高等教育出版社，2017.8（2018.1 重印）
ISBN 978 - 7 - 5361 - 5945 - 7

Ⅰ. ①会… Ⅱ. ①何… Ⅲ. ①会计学 - 教材 Ⅳ. ①F230

中国版本图书馆 CIP 数据核字（2017）第 148754 号

出版发行	广东高等教育出版社 社址：广州市天河区林和西横路 邮编：510500　营销电话：（020）87553335 http://www.gdgjs.com.cn
印　刷	佛山市迎高彩印有限公司
开　本	787 毫米 ×1 092 毫米　1/16
印　张	18.75
字　数	445 千
版　次	2017 年 8 月第 1 版
印　次	2018 年 1 月第 2 次印刷
定　价	36.00 元

前　言

会计学专业作为一个实践性比较强的专业，应注重于把学生培养成应用型复合人才。在学生充分掌握理论知识的情况下，会计学知识的应用实践更是不可或缺。随着《国家中长期教育改革和发展规划纲要（2010—2020年）》的颁布，国家对培养应用型人才的迫切需求，已经成为高等教育改革的风向标，培养高级创新应用型人才顺应了时势发展，响应了国家政策。为此，编者结合教学工作中积累的经验，根据最新的企业会计准则和法规，编写了本实训教材。希望通过本实训教材能够加强学生的动手能力，提高学生分析问题的能力，激发学生的自主创新能力，培养社会经济大发展环境下所需的应用型会计人才。

本实训教材的特点主要包括以下几方面。

1. 由浅入深，系统完整，注重实务性和可操作性。

2. 以“培养技能，重在应用”的原则为导向，以最新的企业会计准则为依据，帮助读者理解和掌握最新的会计准则。

3. 业务量较大、涉及面广，涵括了财务会计课程中所学的基本内容，体现了本实训教材的深度和广度。

4. 根据真实的业务情况，仿真设计一套完整的制造加工企业的经济业务，让学生独立完成从填制会计凭证、登记会计账簿、编制会计报表，到凭证、账簿装订成册归档、对外提供会计报表的会计处理全过程。

本实训教材全面概括了财务会计的原理、原则和核算方法，可作为高等、高职等院校“财务会计”“会计学”课程的实训教材，也可供在职会计人员参考使用。

本实训教材由何文颖担任主编，何梅萍、刘国庆、林桂丹担任副主编。参加编写工作的老师还有蓝图、李勤、吴丹、陈平、戴青等。在编写过程中得到诸领导、同事和同行的大力支持和帮助，在此一并表示衷心的感谢！由于编者的水平有限，书中难免存在错误与不足之处，敬请广大读者不吝批评指正。

编　　者
2017 年 1 月

目　　录

第一部分
模拟实训企业概况与实训目的要求

一、模拟实训企业概况

（一）模拟实训企业的基本情况

企业名称：广州市鸿星股份有限公司
企业地址：广州市棠下路296号
联系电话：020－20881168
法定代表人：赵民
注册资金：5 000万元人民币，其中：国家股53%；法人股16%；社会公众股31%
企业类型：股份有限公司（上市公司）
经营范围：主要从事家用电器的制造与销售
主要产品：挂壁式空调和立柜式空调
纳税人登记号：442268620881168
银行开户情况：
（1）基本存款账户：中国工商银行广州市棠下支行，账号：06653300829033013
（2）一般存款账户：中国建设银行广州市棠德支行，账号：02368300678546136

（二）模拟实训企业管理人员及财务人员

董事长兼总经理：赵民
财务主管：张立
出纳：李莉
会计：由学习者担任

（三）模拟实训企业生产组织

基本生产车间：负责生产挂壁式空调和立柜式空调两种产品
辅助生产车间：负责提供热力服务

（四）模拟实训企业会计制度

1. 纳税政策

该公司为增值税一般纳税人。

增值税税率	17%
所得税税率	25%
城市维护建设税税率	7%

教育费附加　　　　　　　　3%

2. 账务处理程序

采用科目汇总表账务处理程序。

3. 计提资产减值准备

坏账损失采用备抵法核算，年末按应收账款、其他应收款余额的5%计提坏账准备。假定其他应收款计提坏账准备符合税法要求，而应收账款坏账准备不允许税前扣除。

交易性金融资产年末采用公允价值计价。

计提存货及固定资产减值准备。

4. 各项工资性经费的计提

职工福利费、工会经费和职工教育经费分别按3%、2%、1.5%计提。

5. 周转材料的摊销方法

包装物、低值易耗品采用一次摊销法。

6. 存货核算方法

原材料及周转材料采用计划成本法核算。"材料成本差异"科目的明细分类核算，按原材料、周转材料分大类进行。

产品生产成本采用定额成本法计价，确定月末在产品定额标准。

库存商品采用实际成本法核算，月末一次集中结转销售成本，采用加权平均法计价。

7. 长期投资的核算方法

对外长期股权投资的核算，占被投资企业表决权资本总额的20%~50%，具有重大影响、共同控制的采用权益法核算，具有控制作用的采用成本法核算。

8. 折旧政策

固定资产采用平均年限法分类计提折旧。

9. 备用金核算

采用备用金定额管理制度。

10. 提取留存收益及股利分配政策

按当年税后利润的10%提取法定盈余公积。

按当年税后利润的5%提取任意盈余公积。

按可供分配利润的40%分配现金股利。

二、实训目的要求

（一）实训目的

《会计模拟实训》是在《基础会计模拟实训》的基础上编制的，是会计系列模拟实训的一部分，本册模拟实训的目的要求包括以下方面。

（1）巩固会计核算操作的基本技能，使学生熟悉会计循环的六大步骤，并能运用自如。

（2）使学生系统、全面地接触股份制企业经常发生的、大量的经济业务，掌握对其进行会计处理的具体方法。

（3）使学生了解新的《企业会计准则》，掌握按照新会计准则来进行会计处理的方法；模拟实训企业适用2014年《企业会计准则》。

（4）为进一步学习实训内容，即会计后续课程的实训奠定基础。

（二）实训要求

（1）开设总账账户，将总账各账户余额过入12月份期初余额。

（2）开设现金日记账、银行存款日记账和各类明细分类账，将其余额过入12月份期初余额。

（3）根据12月份发生的经济业务编制记账凭证。

（4）根据记账凭证及原始凭证或原始凭证汇总表，登记日记账及明细分类账。

（5）编制“科目汇总表”，并据以登记总分类账。

（6）月末结账，并编制“发生额及余额试算平衡表”，以核对账簿记录。

（7）编制资产负债表、利润表、现金流量表等财务报表。

（8）装订成册归档。

第二部分
模拟实训操作基础知识

一、会计凭证

会计凭证是记录经济业务、明确经济责任的书面证明，也是登记账簿的依据。会计凭证按填制的程序和用途不同，可分为原始凭证和记账凭证。

（一）原始凭证

1. 原始凭证的填制

原始凭证是记录经济业务已经发生、执行或完成，用以明确经济责任的书面证明，是登记账簿的原始依据。原始凭证按其取得的来源不同，可以分为外来原始凭证和自制原始凭证两类。外来原始凭证包括：购买货物取得的增值税专用发票、对外单位支付款项时取得的收据、职工出差取得的飞机票、火车票等。自制原始凭证包括：收料单、领料单、限额领料单、产品入库单、产品出库单、借款单、工资发放明细表、折旧计算表等。

原始凭证按其填制手续不同，又可分为一次凭证、累计凭证、汇总原始凭证和记账编制凭证四种。一次凭证包括：收据、领料单、收料单、发货票、借款单、银行结算凭证等；累计凭证如限额领料单；汇总原始凭证包括：发出材料汇总表、工资结算汇总表等；记账编制凭证包括：产品成本计算表、销售成本计算表、税金计算表、利润及利润分配计算表等。

原始凭证的填制，是会计核算工作的基础。为了保证原始凭证能够及时、准确、清晰地反映经济业务的实际情况，提高会计工作质量，填制原始凭证时，必须符合下列要求。

（1）真实可靠。原始凭证填制的日期、业务内容和数字金额等必须真实可靠，符合实际情况。

（2）内容完整。原始凭证要求填列的项目必须逐项填列齐全，不得遗漏和省略。虽然原始凭证的形式多种多样，但有其基本内容，主要包括：原始凭证的名称；填制凭证的日期；对外凭证要有接收单位的名称，俗称“抬头”；经济业务的内容、数量、单价和金额；经办人员的签名或盖章。

（3）手续完备。原始凭证是明确经济责任的书面证明，需办理签名、盖章的手续。购买实物的原始凭证，必须有实物资产验收证明。支付款项的原始凭证，必须有收款单位和收款人的收款证明。单位自制的原始凭证必须有经办单位领导人或者其他指定的人员签名盖章；对外开出的原始凭证必须加盖本单位公章；从外部取得的原始凭证，必须盖有填制单位的公章；从个人取得的原始凭证，必须有填制人员的签名盖章。

（4）书写规范。不得使用未经国务院公布的简化汉字；大小写金额必须相符且填写规范；小写金额用阿拉伯数字逐个书写，不得写连笔字。位置要适当，数字写在横格上，占1/2或2/3，不要顶格写，以便数字写错时可以改动。在小写金额前要填写人民币符号“￥”，人民币符号“￥”与阿拉伯数字之间不得留有空白。金额数字一律填写到角、分，无角、分的，填写“00”或符号“－”；有角无分的，分位填写“0”，不得用符号“－”；大写金额用汉字“壹、贰、叁、肆、伍、陆、柒、捌、玖、拾、佰、仟、万、亿、元、角、分、零、整”等书写，一律用正楷或行书字体书写。大写金额前未印有“人民币”字样的，应加写“人民币”三个字，“人民币”字样和大写金额之间不得留有空白；大写金额到元为止的，后面要写“整”或“正”字；到角为止的，可以写“整”或“正”字；有分的，不写“整”或“正”字。

（5）编号连续。原始凭证已预先印好编号，在作废时，应加盖“作废”戳记，妥善保管，不得撕毁。

（6）不得涂改、刮擦、挖补。原始凭证填写有错误的，应当由出具单位重开或更正，更正处应当加盖出具单位印章。原始凭证金额有错误的，应退回出具单位重开，不得在原始凭证上更正。

（7）填制及时。原始凭证必须按经济业务的发生及完成情况及时填制，并按规定程序及时递交会计部门，以保证会计信息的时效性。

2. 原始凭证的审核

原始凭证的真实可靠是会计信息质量得到保障的源头，对原始凭证进行审核和监督是会计人员的职责，只有审核无误的原始凭证才能作为登记账簿的依据。

（1）真实性审核。审核原始凭证业务发生的时间、地点、数量、单价、金额、经办人员、业务经手人等。

（2）合法性审核。审核原始凭证是否符合国家的政策、法令、法规、制度等有关规定，对于不合法的原始凭证不予以接受，并向单位负责人报告。

（3）完整性审核。审核原始凭证的各项内容是否填写齐全，手续是否完备等。对记载不准确、手续不完备的原始凭证，退回补办手续或进行更正。

（4）正确性审核。审核原始凭证中的数字计算是否正确，书写是否清楚。对原始凭证金额有错误的不得在原始凭证上更正，应退回原出具单位重新填制。

（二）记账凭证

记账凭证是会计人员根据审核无误的原始凭证或汇总原始凭证，用来确定经济业务应借、应贷的会计科目和金额而编制的，作为登记账簿直接依据的会计凭证。

1. 记账凭证的格式

记账凭证按其适用的经济业务，分为专用记账凭证和通用记账凭证两类。

（1）专用记账凭证。专用记账凭证是用来专门记录某一类经济业务的记账凭证。专用凭证按其所记录的经济业务是否与库存现金和银行存款的收付有无关系，分为收款凭证、付款凭证和转账凭证三种。

①收款凭证。收款凭证是用来记录现金和银行存款等货币资金收款业务的凭证，它

是根据现金和银行存款收款业务的原始凭证编制的。

②付款凭证。付款凭证是用来记录库存现金和银行存款等货币资金付款业务的凭证，它是根据库存现金和银行存款付款业务的原始凭证编制的。

收款凭证和付款凭证既是登记现金日记账、银行存款日记账、明细分类账及总分类账等账簿的依据，也是出纳人员收、付款项的依据。出纳人员不能依据现金、银行存款收付业务的原始凭证收，付款项，必须根据会计主管人员或指定人员审核批准的收款凭证和付款凭证收、付款项，以加强对货币资金的管理，有效地监督货币资金的使用。

③转账凭证。转账凭证是用来记录与库存现金，银行存款收、付款业务无关的转账业务（即在经济业务发生时不需要收、付库存现金和银行存款的各项业务）的凭证，它是根据有关转账业务的原始凭证编制的。转账凭证是登记有关明细分类账及总分类账账簿的依据。

（2）通用记账凭证。通用记账凭证即不分收款凭证、付款凭证和转账凭证，而是以一种格式记录全部经济业务。

在经济业务比较简单的经济单位，为了简化凭证可以使用通用记账凭证，记录所发生的各种经济业务。

2. 记账凭证的编制

编制记账凭证是会计工作的起点。企业发生的每笔经济业务，会计人员都应根据审核无误的原始凭证正确编制记账凭证，并据以登记账簿。编制记账凭证应符合以下要求。

（1）日期准确。收、付款凭证一般应填写原始凭证发生的日期，因为收、付款日记账要求逐日逐笔记账。转账凭证的日期可能与原始凭证的日期一致，也可能晚于原始凭证日期，如月末费用的分配、成本及利润的结转等，则应填写月末的日期。

（2）编号连续。记账凭证一般按月顺序编号，做到不重号、不漏号。专用记账凭证分别按收款凭证、付款凭证和转账凭证三类从第一号起连续编号；通用记账凭证不分收款、付款、转款凭证，而是按经济业务发生的先后顺序统一编号。记账凭证一般是一张一个编号，如果发生复杂的经济业务，需要编制两张以上的记账凭证时，可采用“分数编号法”编制。

（3）摘要明确。摘要栏是对经济业务的简要说明，是账簿登记的重要内容，应简单明了地填写经济业务内容的要点，文字说明应准确、精练、简明扼要。

（4）科目、金额正确。编制记账凭证时应正确使用会计科目，包括总账科目和明细科目。记账凭证的金额与所附原始凭证的金额必须一致，角、分位不留空白，没有角分的要填写“00”。合计栏里借方金额与贷方金额必须相等，数字前要加上“￥”符号。多余的金额栏用斜线“/”画销，从贷方最后一个数的下一行划至借方合计数的上一行。

（5）注明附件张数。为了保证原始凭证完整无缺，记账凭证要注明所附原始凭证或原始凭证汇总表（附件）的张数。附件张数计算的原则：没有经过汇总的原始凭证，按自然张数计算，有一张算一张；经过汇总的原始凭证，按汇总单或汇总表计算，因为原始凭证张数已在汇总单里的“所附原始凭证张数”栏内做了登记，是附件（汇总单）的附件。如差旅费报销单作为附件，只填“报销单”的张数，不填所附车、船票等的张数，因其已作为“报销单”的附件填列了。记账凭证附件张数应用阿拉伯数字填写。

（6）标注过账符号。根据记账凭证登记有关账簿后，应在“过账符号”栏打“√”，表示已经登记入账，避免重复记账或漏记账。

（7）相关人员签名或盖章。为了使经济业务相互牵制，减少差错，记账凭证要有填制人员、审核人员、记账人员、会计主管人员签名或盖章，收、付款记账凭证还应由出纳人员签名或盖章。

3. 记账凭证的审核

为了保证会计记录的正确性，必须对记账凭证进行审核，对审核无误的记账凭证才能据以登记账簿。

（1）一致性审核。审核记账凭证是否附有原始凭证或原始凭证汇总表，所附原始凭证的张数、内容、金额合计等是否与记账凭证一致。有些业务的记账凭证可以不附原始凭证，比如调账、结账和错账更正类业务。

（2）正确性审核。审核会计科目的运用是否正确，应借、应贷方向与金额有无差错，账户对应关系是否清晰。

（3）完整性审核。审核记账凭证中有关项目是否填写齐全，有关人员是否签名或盖章。

4. 记账凭证差错的更正

记账凭证审核中发现有错误的，应予以更正，但不能直接在记账凭证上画线更正。

（1）填制时（未入账）发现记账凭证有误，应当重新填制一张正确的记账凭证。

（2）已经登记入账的记账凭证发现有错误的，应当采用划线更正法、红字更正法或补充登记法予以更正，并在摘要栏注明“更正某月某日某号凭证”字样。

（三）会计凭证的装订、保管

会计凭证是会计档案的重要组成部分，也是重要的经济档案资料，必须及时装订成册，妥善保管，确保会计凭证完整无缺。

1. 会计凭证的整理

在会计凭证装订之前，要对会计凭证进行加工整理。会计凭证的整理，是指对会计凭证进行排序、粘贴和折叠，把原始凭证全部附在记账凭证的后面。原始凭证纸张略小于记账凭证的，直接把原始凭证附在记账凭证后面；原始凭证纸张大于记账凭证的，可按记账凭证的尺寸，先自右向左，再自下向上两次折叠。注意把左上角空出来，以便装订后可以展开查阅；原始凭证纸张过小的，一般不能直接装订，可以先粘在一张与记账凭证纸张大小相同的粘贴单上，再附在记账凭证后面。

2. 会计凭证的装订

会计凭证的装订是指把定期整理好的会计凭证按照编号顺序排序，加封面、封底，装订成册，并在装订线上加贴封签，防止抽换凭证。会计凭证封面尺寸的大小，应根据记账凭证的大小来确定。会计凭证封面应注明单位名称、凭证种类、凭证张数、起止号数、年度、月份、会计主管人员、装订人员等有关事项，会计主管人员和保管人员应在封面上签章。

3. 会计凭证的保管

会计凭证是会计档案的重要组成部分，应和账簿、报表等会计资料一同妥善保管。每年装订成册的会计凭证，在年度终了时可暂由单位会计机构保管一年，期满后应当移交本单位档案机构统一保管；未设立档案机构的，应当在会计机构内部指定专人保管。出纳人员不得兼管会计档案。严格遵守会计凭证的保管期限要求，期满前不得任意销毁。

二、会计账簿

（一）账簿的格式

会计账簿简称账簿，是由具有一定格式、相互联系的账页组成，用来序时、分类地全面记录一个企业单位经济业务事项的会计簿籍。

会计账簿由封面、扉页和账页三部分组成。封面：标明账簿的名称和记账单位的名称；扉页：填列账簿的启用日期、截止日期、页数、册次、经管账簿人员签章、会计主管人员签章、账户目录等；账页：是账簿的主体，用来记录各项有关的经济业务，其格式主要有三栏式、多栏式和数量金额式。

账簿设置时必须注意其科学性，一般来说，应设置的账簿有总分类账、明细分类账、日记账和备查账。总分类账、日记账采用三栏式订本账，明细分类账采用活页账。

账簿的格式多种多样，但其基本内容包括：账户名称、日期栏、凭证种类和编号栏、摘要栏、金额栏、总页次和分户页次。“总页次”是按账簿总体排序的页次，“分户页次”则是按账户分别排序的页次。

（二）账簿的登记

1. 账簿登记的依据

为了保证账簿记录的真实、正确，必须根据审核无误的会计凭证登记账簿。各单位每天发生的各种经济业务，都要记账，记账的依据是会计凭证。

2. 账簿登记的时间

登记账簿时，既要登记总账，也要登记明细账、日记账。

（1）总账登记的时间。总账账户要按照单位所采用的会计核算形式及时登记账簿。采用记账凭证核算形式记账的，直接根据记账凭证定期登记总账；采用汇总记账凭证核算形式记账的，可以根据汇总记账凭证定期登记总账，也可以月末一次汇总登记总账；采用科目汇总表核算形式记账的，可以根据科目汇总表定期登记总账，也可以月末一次汇总登记总账。

（2）明细账登记的时间。明细账要根据原始凭证、原始凭证汇总表和记账凭证逐日进行登记，也可以定期（三天或五天）登记。但债权债务明细账应逐日登记，以便随时与对方结算；财产物资明细账也要逐日登记，随时结出存货余额，以便掌握存货库存动态。如“库存商品”明细账，平时根据“入库单”“出库单”逐日逐笔登记增加、减少的数量，并随时结出结存的数量，待月末再根据“完工产品成本计算表”“销售成本计算表”一次集中编制记账凭证，结转相应的成本金额。

（3）日记账登记的时间。现金日记账和银行存款日记账，应由出纳人员根据办理完毕的收、付款记账凭证，逐日逐笔按顺序进行登记，每日结出余额。

3. 账簿登记的规则

（1）登账用笔。登记账簿一律使用蓝黑墨水笔或碳素墨水笔，不得使用圆珠笔和铅笔。红色墨水笔只能用于制度规定的情况：按红字冲账的记账凭证；在不设减少金额栏的多栏式账页中，登记减少数；在三栏式账户的余额栏前，如未印明余额方向的，在余额栏内登记负数金额；月末划红线结账等。

（2）登账内容。登记账簿时，应当将会计凭证日期、编号、业务内容摘要、金额和其他有关资料逐项记入账内，同时记账人员要在记账凭证上签名或盖章，并注明已经登账的符号（如打“√”），防止漏记、重记和错记的情况发生。

（3）登账连续，不得跳行、隔页。如发生跳行、隔页，应将空行、空页画线注销，或注明“此行空白”或“此页空白”字样，并由记账人员签名或盖章。

（4）登账清晰、整洁。文字和数字要端正、清楚，书写规范，一般应占账簿格距的1/2或2/3，以便留有改错的空间。

（5）登账转页。为了保持账簿记录的连续性，每登满一页账页结转下页时，应结出本页合计数及余额，写在本页最后一行和下页第一行有关栏内，并在本页的摘要栏注明“过次页”字样，在次页的摘要栏注明“承前页”字样。

（6）结计余额。库存现金日记账和银行存款日记账应每日结计余额，债权债务明细账及存货明细账应逐日逐笔结计余额，其他账户每月末结计余额。结出余额后，应在余额前“借或贷”栏内写明“借”或“贷”。没有余额的账户，应在该栏内写“平”字，并在余额栏“元”位上用“0”表示。

4. 错账更正

登记账簿发生差错，应按照错账更正的方法予以更正，严禁刮擦、挖补、涂改或用药水消除字迹等。错账更正的方法有划线更正法、红字更正法和补充登记法。发现漏记账目时，应进行补记，并在摘要栏里注明“补记某月某日漏记的账”。

（三）对账、结账

1. 对账

为保证账簿记录的正确性和完整性，如实反映和控制经济活动情况，为编制财务报表提供真实可靠的数据资料，应定期或不定期对会计账簿进行核对，做到账证相符、账账相符和账实相符。对账的内容有主要包括以下几方面。

（1）账证核对。账证核对就是检查原始凭证、记账凭证之间的金额和经济内容是否相符，记账凭证与会计账簿之间的凭证字号、内容、金额、记账方向等是否相符。

（2）账账核对。账账核对是指各种账簿之间进行核对，包括总账有关账户之间核对、总账与明细账核对、总账与日记账核对、会计部门的财产物资明细账与财产物资保管和使用部门的明细账之间进行核对。

（3）账实核对。账实核对是指会计账簿记录与财产实有数额核对，包括库存现金日记账账面余额与库存现金实有数额核对，银行存款日记账账面余额与银行对账单定期核对，各种财产物资明细账账面余额与财产物资实有数额核对，各种应收、应付款明细账账面余额与有关债权人、债务人核对。

2. 结账

结账是指会计期末，在把本期内发生的经济业务全部登记入账的基础上，按照规定的方法结算账目，计算并记录本期发生额和期末余额的会计行为。

（1）库存现金、银行存款日记账的结账。月末库存现金、银行存款日记账的结账方法，是在本月最后一笔记录下面画一条通栏单红线，并在下一行的摘要栏里居中书写“本月合计”，同时在该行结计出本月发生额合计及余额，然后，在“本月合计”行下面再画一条通栏单红线。

（2）明细账的结账。

①本月没有发生额的账户，不必进行月结，不划结账红线。

②不需按月结计本月发生额的账户，如各项应收、应付款及各项财产物资明细账等，在月末结出余额后，只需在本月最后一笔记录下面画一条通栏单红线，表示“本月记录到此结束”。

③需要按月结出本月发生额的账户，如库存商品、应交税费、生产成本、制造费用及各种损益类明细账等。由于会计报表须填写本月发生额，都要结计出“本月合计”发生额及余额，并在“本月合计”行上、下各画一条通栏单红线。

④需要结计本年累计发生额的账户，按月结计出本年累计发生额，在“本月合计”字样下画一条通栏单红线后，下面一行摘要栏注明“本年累计”字样，并结计出累计发生额及余额，并在“本年累计”行下画一条通栏双红线。

（3）总账的结账。总账账户平时只需结计出本月发生额及月末余额。年终结账时，为了总括反映本年全年各项资金运动情况的全貌，核对账目，年末时要将所有总账账户结计出全年累计发生额及年末余额，在摘要栏内注明“本年累计”字样，并在合计数下通栏画双红线，以示封账。年末如有余额，在双红线下一行的摘要栏内填写“结转下年”字样；如无余额，空置不填。最后，将该账页剩余的空行用斜红线画去，并加盖记账人员印章。

三、财务报表

财务报表是会计人员根据日常会计核算资料定期编制的，综合反映企业某一特定日期财务状况和某一会计期间经营成果、现金流量的总结性书面文件。一套完整的财务报表体系应当包括资产负债表、利润表、现金流量表、所有者权益变动表以及附注，即“四表一注”。

（一）资产负债表

资产负债表是反映企业在某一特定日期全部资产、负债和所有者权益情况的财务报表。通过资产负债表，可以了解企业的经济资源、资本结构，可以评价预测企业的偿债能力，评价预测企业的财务弹性、经营绩效等。

资产负债表的列报，需填列“年初余额”和“期末余额”两栏。

“年初余额”栏应根据上年末资产负债表的期末数填列。如果本年度资产负债表规定的项目名称和内容与上年度不一致，应对上年末资产负债表相关项目的名称和内容按照本年度的规定进行调整，填入“年初余额”栏。

“期末余额”栏应根据本年度财务报告期末资产、负债、所有者权益类账户的余额分析填列。

（1）根据总账账户期末余额直接填列。

（2）根据若干总账账户期末余额合并填列。

（3）根据有关明细账户期末余额计算填列。

（4）根据总账账户和明细账户期末余额分析计算填列。

（5）根据有关账户与其备抵账户期末余额抵销后的净额填列。

（6）综合运用上述方法分析填列。

（二）利润表

利润表是反映企业在一定会计期间经营成果的报表。通过利润表，能够反映企业生产经营的收益和成本耗费的情况，可以分析企业利润发展的趋势及获利能力，为企业外部投资者以及信贷者做投资决策及贷款决策提供依据，为企业内部管理层的经营决策提供依据。

利润表的列报，需填列“本期金额”和“上期金额”两栏。

“本期金额”栏应根据损益类账户的发生额分析填列。“营业利润”“利润总额”“净利润”项目根据利润表中相关项目分析计算填列。

“上期金额”栏应根据上年同期利润表的金额填列。如果上年同期利润表规定的项目名称和内容与本期不一致，应对上年该期利润表相关项目的名称和内容按照本期的规定进行调整，填入本期利润表“上期金额”栏内。

（三）现金流量表

现金流量表是反映企业在一定会计期间现金和现金等价物流入和流出情况的财务报表。现金，是指企业库存现金以及可以随时用于支付的存款，不能随时用于支付的存款不属于现金。现金等价物，是指企业持有的期限短、流动性强、易于转换为已知金额现金，价值变动风险很小的投资。企业应当根据具体情况，确定现金等价物的范围，一经确定不得随意变更。

通过现金流量表，可以提供企业有关现金流入、现金流出及投资与筹资活动方面的信息，帮助报表使用者分析企业的偿债能力和股利支付的能力，帮助报表使用者预测企业未来会计期间产生净现金流量的能力等。

现金流量表的项目主要有：经营活动产生的现金流量、投资活动产生的现金流量、筹资活动产生的现金流量、汇率变动对现金及现金等价物的影响、现金及现金等价物净增加额、期末现金及现金等价物余额等项目。

第三部分
模拟实训会计实务平台设计

一、广州市鸿星股份有限公司2015年12月31日的资产负债表

资产负债表

2015年12月31日　　会小企01表

制表单位：广州市鸿星股份有限公司　　单位：元

资　　产	期末余额	年初余额	负债和所有者权益（或股东权益）	期末余额	年初余额
流动资产：		（略）	流动负债：		（略）
货币资金	20 597 155.40		短期借款	10 000 000.00	
交易性金融资产	3 465 046.00		交易性金融负债	0	
应收票据	25 000 000.00		应付票据	9 750 000.00	
应收账款	19 650 000.00		应付账款	7 566 081.00	
预付账款	2 400 000.00		预收账款	200 000.00	
应收股利	0		应付职工薪酬	1 228 577.00	
应收利息	30 000.00		应交税费	2 111 135.00	
其他应收款	129 100.00		应付利息	1 240 000.00	
存货	40 424 182.60		应付股利	6 260 000.00	
持有待售资产	0		其他应付款	206 634.00	
一年内到期的非流动资产	0		持有待售负债	0	
其他流动资产	0		一年内到期的非流动负债	0	
流动资产合计	111 695 484.00		其他流动负债	0	
非流动资产：			流动负债合计	38 562 427.00	
可供出售金融资产	0		非流动负债：		
持有至到期投资	708 292.00		长期借款	20 000 000.00	
长期股权投资	2 800 000.00		应付债券	972 959.00	

（续上表）

资　　产	期末余额	年初余额	负债和所有者权益（或股东权益）	期末余额	年初余额
投资性房地产	0		长期应付款	1 247 000.00	
长期应收款	1 000 000.00		专项应付款	0	
固定资产	26 113 769.00		预计负债	0	
在建工程	1 564 749.00		递延收益	0	
工程物资	0		递延所得税负债	75 000.00	
固定资产清理	0		其他非流动负债	0	
生产性生物资产	0		非流动负债合计	22 294 959.00	
油气资产	0		负债合计	60 857 386.00	
无形资产	681 630.00		所有者权益（或股东权益）		
开发支出	0		实收资本（或股本）	50 000 000.00	
商誉	0		资本公积	15 755 549.00	
长期待摊费用	175 200.00		减：库存股	0	
递延所得税资产	62 799.00		其他综合收益	0	
待处理财产损溢	0		盈余公积	11 220 780.25	
其他非流动资产	0		未分配利润	6 968 207.75	
非流动资产合计	33 106 439.00		所有者权益（或股东权益）合计	83 944 537.00	
资产总计	144 801 923.00		负债和所有者权益（或股东权益）总计	144 801 923.00	

二、广州市鸿星股份有限公司2015年12月及2016年1—11月的利润表

利润表

2015年12月份　　会企02表

制表单位：广州市鸿星股份有限公司　　单位：元

项　　目	本期金额	上期金额
一、营业收入	17 583 400.00	（略）
减：营业成本	9 920 820.00	
税金及附加	66 323.00	
销售费用	1 222 000.00	

（续上表）

项　　目	本期金额	上期金额
管理费用	1 846 198. 00	
财务费用	881 674. 00	
资产减值损失	499 145. 00	
加：公允价值变动净收益（损失以“－”号填列）	40 000. 00	
投资收益（损失以“－”号填列）	84 000. 00	
其中：对联营企业和合营企业的投资收益		
资产处置收益（损失以“－”号填列）	－9 200. 00	
其他收益	0	
二、营业利润（损失以“－”号填列）	3 262 040. 00	
加：营业外收入	68 900. 00	
减：营业外支出	160 200. 00	
三、利润总额（亏损总额以“－”号填列）	3 170 940. 00	
减：所得税费用	802 735. 00	
四、净利润（净亏损以“－”号填列）	2 368 205. 00	
（一）持续经营净利润（净亏损以“－”号填列）	2 368 205. 00	
（二）终止经营净利润（净亏损以“－”号填列）	0	
五、其他综合收益的税后净额		
（一）以后不能重分类进损益的其他综合收益		
（二）以后将重分类进损益的其他综合收益		
1. 权益法下在被投资单位以后将重分类进损益的其他综合收益中享有的份额		
2. 可供出售金融资产公允价值变动损益		
3. 持有至到期投资重分类为可供出售金融资产损益		
六、综合收益总额	2 368 205. 00	
七、每股收益		
（一）基本每股收益		
（二）稀释每股收益		

利润表

2016 年 1—11 月份　　　　会企 02 表

制表单位：广州市鸿星股份有限公司　　　　单位：元

项　　目	本期金额	上期金额
一、营业收入	107 920 920.00	76 123 250.00
减：营业成本	64 986 882.00	48 406 660.00
税金及附加	1 326 433.00	1 026 170.00
销售费用	6 546 910.00	4 400 335.00
管理费用	9 368 083.00	7 282 665.00
财务费用	4 959 192.00	4 516 200.00
资产减值损失	559 147.00	120 680.00
加：公允价值变动净收益（损失以“-”号填列）	250 000.00	180 000.00
投资收益（损失以“-”号填列）	184 000.00	263 460.00
其中：对联营企业和合营企业的投资收益	0	0
资产处置收益（损失以“-”号填列）	-354 650.00	-110 660.00
其他收益		0
二、营业利润（损失以“-”号填列）	20 253 623.00	10 730 340.00
加：营业外收入	2 153 000.00	3 340 300.00
减：营业外支出	678 406.00	780 000.00
三、利润总额（亏损总额以“-”号填列）	21 728 217.00	13 335 640.00
减：所得税费用	5 500 000.00	3 300 000.00
四、净利润（净亏损以“-”号填列）	16 228 217.00	10 035 640.00
（一）持续经营净利润（净亏损以“-”号填列）	16 228 217.00	10 035 640.00
（二）终止经营净利润（净亏损以“-”号填列）	0	0
五、其他综合收益的税后净额		
（一）以后不能重分类进损益的其他综合收益		
（二）以后将重分类进损益的其他综合收益		
1. 权益法下在被投资单位以后将重分类进损益的其他综合收益中享有的份额		
2. 可供出售金融资产公允价值变动损益		
3. 持有至到期投资重分类为可供出售金融资产损益		
六、综合收益总额	16 228 217.00	10 035 640.00
五、每股收益		
（一）基本每股收益		
（二）稀释每股收益		

三、广州市鸿星股份有限公司2016年11月30日总账账户及明细账户期末余额

总账账户及明细账

科目编码		科目名称	余额	方向	账页格式
1001		库存现金	21 908.00	借	三栏式
1002		银行存款	23 076 641.00	借	三栏式
1012		其他货币资金	2 000 000.00	借	三栏式
	101201	银行汇票存款	500 000.00	借	三栏式
	101202	存出投资款	1 500 000.00	借	三栏式
	101203	外埠存款			三栏式
1101		交易性金融资产	4 600 000.00	借	三栏式
	110101	成本（股票）	4 200 000.00	借	三栏式
	110102	公允价值变动	400 000.00	借	三栏式
1121		应收票据	22 170 231.00	借	三栏式
1122		应收账款	17 550 000.00	借	三栏式
	112201	重庆万德商场	8 686 080.00	借	三栏式
	112202	顺德顺壹加壹商场	2 340 000.00	借	三栏式
	112203	中山大润发商场	6 523 920.00	借	三栏式
	112204	佛山国美公司			三栏式
	112205	代垫运费			三栏式
1123		预付账款	1 250 000.00	借	三栏式
1131		应收股利			三栏式
1132		应收利息	60 000.00	借	三栏式
1221		其他应收款	30 000.00	借	三栏式
1231		坏账准备	879 000.00	贷	三栏式
	123101	应收账款准备	877 500.00	贷	三栏式
	123102	其他应收款准备	1 500.00	贷	三栏式
1401		材料采购	8 879 600.00	借	三栏式
	140101	铝材	5 510 000.00	借	三栏式
	140102	钢板	3 369 600.00	借	三栏式
	140103	塑料			三栏式
	140104	燃料			三栏式
	140105	包装物			三栏式
	140106	低值易耗品			三栏式

（续上表）

科目编码		科目名称	余额	方向	账页格式
1403		原材料	19 430 000.00	借	三栏式
	140301	铝材	5 800 000.00	借	数量金额式
	140302	钢板	6 160 000.00	借	数量金额式
	140303	塑料	7 200 000.00	借	数量金额式
	140304	燃料	270 000.00	借	数量金额式
	140305	残料			三栏式
1411		周转材料	1 709 200.00	借	三栏式
	141101	包装物	539 200.00	借	数量金额式
	141102	低值易耗品	1 170 000.00	借	数量金额式
1404		材料成本差异	138 838.00	贷	三栏式
	140401	原材料成本差异	176 776.00	贷	三栏式
	140402	周转材料成本差异	37 938.00	借	三栏式
1405		库存商品	20 060 500.00	借	三栏式
	140501	挂壁式空调	12 052 500.00	借	数量金额式
	140502	立柜式空调	8 008 000.00	借	数量金额式
1406		发出商品			数量金额式
1471		存货跌价准备			三栏式
5001		生产成本	9 353 971.00	借	三栏式
	500101	基本生产—挂壁式空调	5 612 382.00	借	多栏式
	500102	基本生产—立柜式空调	3 741 589.00	借	多栏式
	500103	辅助生产成本			多栏式
5101		制造费用			三栏式
	510101	制造费用			多栏式
		流动资产合计	129 174 213.00		
1501		持有至到期投资	305 708.00	借	三栏式
	150101	成本	300 000.00	借	三栏式
	150102	利息调整	5 708.00	借	三栏式
1511		长期股权投资	2 800 000.00	借	三栏式
	151101	股票（华盛 25%）	2 600 000.00	借	三栏式
	151102	联营投资（广信）	200 000.00	借	三栏式
	151103	永昌家电有限公司			三栏式

（续上表）

科目编码		科目名称	余额	方向	账页格式
1521		投资性房地产			三栏式
1522		投资性房地产累计折旧			三栏式
1531		长期应收款			三栏式
1532		未实现融资收益			三栏式
1601		固定资产	49 932 000.00	借	三栏式
1602		累计折旧	12 793 708.00	贷	三栏式
1603		固定资产减值准备			三栏式
1604		在建工程			三栏式
1606		固定资产清理			三栏式
1701		无形资产	796 000.00	借	三栏式
1702		累计摊销	98 000.00	贷	三栏式
1801		长期待摊费用	94 900.00	借	三栏式
1811		递延所得税资产	62 799.00	借	三栏式
1901		待处理财产损溢			三栏式
		非流动资产合计	41 099 699.00		
		资产总计	170 273 912.00		
2001		短期借款	15 060 000.00	贷	三栏式
2201		应付票据	7 400 000.00	贷	三栏式
2202		应付账款	14 040 000.00	贷	三栏式
	220201	燕山钢铁公司	8 190 000.00	贷	三栏式
	220202	大沥铝材公司	4 680 000.00	贷	三栏式
	220203	番禺燃料厂	1 170 000.00	贷	三栏式
	220204	广州汽车公司			三栏式
2203		预收账款			三栏式
2211		应付职工薪酬	3 309 021.80	贷	三栏式
2221		应交税费	3 775 345.40	贷	三栏式
	222101	应交增值税			多栏式
	222102	未交增值税	2 576 074.00	贷	三栏式
	222103	应交城市维护建设税	180 325.18	贷	三栏式
	222104	应交教育费附加	77 282.22	贷	三栏式
	222105	应交所得税	923 664.00	贷	三栏式
	222106	应交个人所得税	18 000.00	贷	三栏式

（续上表）

科目编码		科目名称	余额	方向	账页格式
2231		应付利息	1 566 666.65	贷	三栏式
2232		应付股利			三栏式
2241		其他应付款	632 813.00	贷	三栏式
		流动负债合计	45 783 846.85		
2501		长期借款	20 000 000.00	贷	三栏式
2502		应付债券	972 959.00	贷	三栏式
	250201	面值	1 000 000.00	贷	三栏式
	250202	利息调整	27 041.00	借	三栏式
2701		长期应付款	3 530 333.40	贷	三栏式
2702		未确认融资费用			三栏式
2901		递延所得税负债	75 000.00	贷	三栏式
		非流动负债合计	24 578 292.40		
		负债合计	70 362 139.25	贷	
4001		股本	50 000 000.00	贷	三栏式
4002		资本公积	16 599 311.00	贷	三栏式
4003		其他综合收益			三栏式
4101		盈余公积	10 116 037.00	贷	三栏式
4103		本年利润	16 228 217.00	贷	三栏式
4104		利润分配	6 968 207.75	贷	三栏式
	410401	提取法定盈余公积			三栏式
	410402	提取任意盈余公积			三栏式
	410403	应付股利			三栏式
	410404	未分配利润	6 968 207.75	贷	三栏式
		所有者权益合计	99 911 772.75		
		负债及所有者权益合计	170 273 912.00		
6001		主营业务收入			三栏式
6051		其他业务收入			三栏式
6101		公允价值变动损益			三栏式
6111		投资收益			三栏式
6301		营业外收入			三栏式
6311		资产处置损益			三栏式

（续上表）

科目编码		科目名称	余额	方向	账页格式
6401		主营业务成本			三栏式
6402		其他业务成本			三栏式
6403		税金及附加			三栏式
6601		销售费用			多栏式
6602		管理费用			多栏式
6603		财务费用			三栏式
6701		资产减值损失			三栏式
6711		营业外支出			三栏式
6801		所得税费用			三栏式
6901		以前年度损益调整			三栏式

四、广州市鸿星股份有限公司2016年11月30日存货明细账户期末余额

原材料明细账

2016年11月30日

名　称	单　位	数　量	单　价	金　额
铝材	吨	580	10 000.00	5 800 000.00
钢板	吨	2 200	2 800.00	6 160 000.00
塑料	吨	900	8 000.00	7 200 000.00
燃料	吨	150	1 800.00	270 000.00
合　计	—	—	—	19 430 000.00

周转材料明细账

2016年11月30日

名　称	单　位	数　量	单　价	金　额
包装物	件	6 740	80.00	539 200.00
低值易耗品	件	4 500	260.00	1 170 000.00
合　计	—	—	—	1 709 200.00

库存商品明细账

2016 年 11 月 30 日

名　称	单　位	数　量	单　价	金　额
挂壁式空调	台	4 821	2 500. 00	12 052 500. 00
立柜式空调	台	3 640	2 200. 00	8 008 000. 00
合　计	—	8 461	—	20 060 500. 00

生产成本—基本生产成本明细账

2016 年 11 月 30 日

产品名称	数量	直接材料	直接人工	制造费用	其　他	合　计
挂壁式空调		3 528 600. 00	841 850. 00	749 900. 00	492 032. 00	5 612 382. 00
立柜式空调		2 656 530. 00	496 920. 00	401 570. 00	186 569. 00	3 741 589. 00
合 计		6 185 130. 00	1 338 770. 00	1 151 470. 00	678 601. 00	9 353 971. 00

五、广州市鸿星股份有限公司 2016 年 12 月份发生的经济业务摘要

（1）1 日，购买办公用品，直接交给管理部门和基本生产车间部门使用。

（2）1 日，采购员到韶关钢铁厂采购钢板，把货款汇到韶关开设临时采购账户。

（3）1 日，存入银行汇票存款，办理银行汇票，向中山铝材公司购买铝材。

（4）1 日，拨付行政科备用金，采用定额管理制。

（5）1 日，用银行汇票支付向中山市格凌公司购买钢板的款项，上月已办理银行汇票。

（6）1 日，材料入库，并结转入库材料成本差异。

（7）1 日，上述银行汇票多余款退回。

（8）1 日，采用托收结算方式发货到佛山国美公司，并代垫运费，尚未办理托收手续。

（9）2 日，黄俊归还借款。（月初余额）

（10）2 日，中山大润发商场归还上月欠款。（月初余额）

（11）2 日，向重庆万德商场赊销，收到 60 天期银行承兑汇票一张。

（12）2 日，基本生产车间领用材料，辅助生产车间领用材料。登记材料数量减少。

（13）2 日，签发支票预付下年度报刊费，摊销期为一年。

（14）2 日，采购员王滨预借差旅费。

（15）2 日，武汉瑞星塑料公司发来塑料验收入库，收料单 S102 号，结算凭证未到。支付市内装卸搬运费。（货到未付款，暂不作入库账分录。市内装卸搬运费属于零星支出。）

（16）2 日，1 日所发佛山国美公司产品办妥托收。托收价款、税款及代垫运费。现金折扣销售，采用总价法核算。付款条件：2 / 10、*N* / 30。

（17）3 日，预付湖南力强钢板公司订金购买钢板材料。

（18）3 日，韶关钢铁厂所购钢板材料到货，货款通过临时采购账户支付。

（19）3 日，韶关钢铁厂所购钢板材料验收入库，并发现短缺，原因待查。

（20）3 日，韶关采购账户撤销，余款退回。

（21）3 日，签发支票购入低值易耗品及包装物。

（22）3 日，包装物验收入库，并结转入库包装物成本差异。

（23）3 日，低值易耗品验收入库，并结转入库低值易耗品成本差异。

（24）4 日，基本生产车间领用工具、包装物。登记数量减少，月末一次摊销成本。

（25）4 日，基本生产车间买回劳动保护用品。

（26）5 日，采购员王滨报销 2 日借支差旅费，现金退返差额。

（27）5 日，向大沥铝材公司赊购材料，签发商业承兑汇票。

（28）5 日，上述购进铝材验收入库，并结转入库材料成本差异。

（29）5 日，审核单据付款，部分拒付燕山钢铁有限公司托收款，因材料尚未运到。

（30）5 日，支付 2 日到货的武汉瑞星塑料公司的材料款。

（31）5 日，上述塑料 2 日已入库，填单计算计划成本、实际成本、成本差异，做塑料入库分录，并结转材料成本差异。

（32）6 日，3 日韶关钢铁厂所发的钢板短缺经查为运输部门责任，运输部门已同意赔偿，予以转账。

（33）6 日，购买股票，划分为交易性金融资产。

（34）6 日，用固定资产进行投资，协商价与公允价值一致。

（35）6 日，购买当日发行三年期国库券 4 850 份，准备持有至到期。国库券年利率 5%，面值每份 100 元，到期一次还本付息。发行价每份 102.5 元，佣金 2 875 元。

（36）6 日，盘亏挂壁式空调，同时结转成本，进项税额转出（按期初单价计价）。

（37）7 日，建造厂房工程外包，预付工程价款。

（38）7 日，以旧换新固定资产，支付补价。非货币性资产交换，不具有商业实质，按账面价值计价。

（39）7 日，固定资产报废，结转净值。

（40）7 日，固定资产报废，支付清理费。

（41）7 日，固定资产报废，残料入库。

（42）7 日，结转报废固定资产净损益。

（43）7 日，盘盈固定资产。

（44）8 日，支付监控室设备修理费。

（45）8 日，转让专利权。

（46）9 日，购入专有技术。

（47）9 日，付款向燕山钢铁有限公司购买钢板，材料未到。（汇兑结算方式）

（48）9 日，支付新产品研发调查费。（汇兑结算方式）

（49）9 日，赊购固定资产。

（50）9 日，10 月 9 日承兑的两个月期、不带息商业承兑汇票到期，支付票款。

（51）9 日，向南宁物资公司销售产品，预收南宁物资公司账款，未发货。

（52）10 日，收妥 2 日托收的佛山国美公司款。（享受现金折扣，总价法）

（53）10 日，3 日预付湖南力强钢板公司货款的钢板今到货，反映钢板购进。

（54）10 日，上述钢板验收入库，并结转入库钢板成本差异。

（55）10 日，补付上述钢板材料价款。

（56）10 日，交纳各种税金及教育费附加。

（57）10 日，收回联营投资。

（58）11 日，向番禺燃料厂赊购材料。（购货现金折扣，总价法）

（59）11 日，上述燃料入库，并结转燃料成本差异。

（60）11 日，提现备用。

（61）11 日，用银行存款发放工资。

（62）11 日，基本生产车间领用材料，辅助生产车间领用材料。

（63）12 日，退还包装物押金。（期初余额）

（64）12 日，原其他应付款因债权企业撤销，转作企业收入。

（65）13 日，借入长期借款。

（66）13 日，溢价发行债券。期限三年，票面利率 5.8%，到期一次还本付息。

（67）13 日，支付发行费用。

（68）13 日，基本生产车间领用材料，辅助生产车间领用材料。

（69）14 日，支付律师费。

（70）14 日，采用分期收款方式销售，发出产品。销售协议：分期收取总售价为 6 800 000 元，分两年于每年年末收取。每年年末收款时，增值税纳税义务发生，同时收取增值税。（具有融资性质。两年期、利率 5% 的年金现值系数为 1.859。）

（71）15 日，产品完工入库，登记库存数量增加。挂壁式空调 1 720 台、立柜式空调 1 630 台。

（72）15 日，向海南德兴商场赊销，委电托收，登记库存商品数量减少。

（73）16 日，上月销售退回，开具红字增值税专用发票，冲减收入。填制红字出库单，冲减库存商品销售数量。

（74）17 日，通过红十字会向地震灾区捐款。

（75）18 日，办理厂房建造工程价款结算，补付工程价款，尚未完工。

（76）18 日，行政科报销，补足备用金。

（77）19 日，签发支票支付电话费。

（78）19 日，支付辅助生产车间技术咨询费。

（79）20 日，收入银行存款利息。10 月、11 月已预提 60 000 元。

（80）20 日，支付短期银行借款利息，10 月、11 月已预提 100 000 元。

（81）21 日，同意海南德兴商场要求折让货款，其余款项收妥。

（82）21 日，支付业务招待费。

（83）22 日，直接为希望小学捐款、通过民政部门为希望小学捐款。

（84）22 日，支付广告费。

（85）23 日，交纳排污费。

（86）23 日，委托代销发货。代销协议规定：受托方按货款 10% 收取代销手续费。

（87）23 日，收回上月包装物押金，计算增值税销项税额。

（88）24 日，出租仓库，投资性房地产采用成本模式进行后续计量。

（89）24 日，发行股票。

（90）24 日，接受固定资产捐赠。

（91）24 日，支付上月向上海燕山钢铁有限公司赊购款，采用汇兑结算方式，并支付汇费。

（92）25 日，完工产品验收入库，登记数量增加。挂壁式空调 1 460 台、立柜式空调 1 230 台。

（93）25 日，出售 12 月 6 日购入的宝商股票。

（94）25 日，支付电费，委托银行直接划账。

（95）25 日，支付水费，委托银行直接划账。

（96）26 日，支出消防罚款。

（97）26 日，上交五险一金。

（98）26 日，提现并报销医药费。

（99）26 日，销售材料，收妥货款，并登记材料数量减少。

（100）26 日，将本月 2 日赊销收到的重庆万德商场的银行承兑汇票，向银行申请贴现。

（101）27 日，支付番禺燃料厂材料赊购款。超过折扣期付款，未享受现金折扣。

（102）28 日，厂房外包工程达到预定可使用状态，交付使用。

（103）28 日，对上月向重庆万德商场的赊销款进行债务重组。

（104）28 日，偿还长期借款本金及本年利息。

（105）29 日，支付租用店铺本月租金。

（106）30 日，支付销售机构租铺装修费，分三年摊销。

（107）31 日，租入办公楼改良费摊销。

（108）31 日，无形资产摊销。

（109）31 日，应计债券利息及债券折价摊销。2014 年 1 月 1 日发行 5 年期债券 1 000 000 元，票面利率5%，实际利率6%，发行收入为：957 600 元。每年1 月10 日付息一次，到期一次还本。采用实际利率法核算。

（110）31 日，分配工资费用。

（111）31 日，计提社会保险费及住房公积金。

（112）31 日，计提福利费、工会经费及职工教育经费。

（113）31 日，计提折旧。

（114）31 日，计提坏账准备，按应收账款、其他应收款余额的 5% 计提。

（115）31 日，交易性金融资产公允价值变动。

（116）31 日，对外投资按权益法核算确认应享有的投资收益、其他综合收益。

（117）31 日，应收债券利息。2014 年 1 月 1 日购入 4 年期、票面利率为 6% 的债券，债券面值为 300 000 元，实际支付 310 755 元，市场利率为 5%。每年 1 月 5 日付息一次，到期一次还本。（实际利率法，保留整数）

（118）31 日，融资租赁固定资产。利率为 12%、期数为 8 的年金现值系数为 4. 9676。

（119）31 日，根据发料单汇总填制“原材料发出汇总表”和“周转材料发出汇总表”，结转发出材料计划成本。

（120）31 日，计算材料成本差异率，结转发出材料成本差异。

（121）31 日，分配辅助生产成本，假定只有基本生产车间一个受益部门，辅助生产成本只在两种产品之间按生产工时进行分配，挂壁式空调工时 2 400 小时，立柜式空调工时 1 600 小时。

（122）31 日，分配制造费用，在两种产品之间按生产工时比例进行分配。

（123）31 日，采用定额成本法，计算产品生产成本，结转完工产品成本。

（124）31 日，采用加权平均法，计算并结转产品销售成本。

（125）31 日，计算并转出应交增值税，计交城市维护建设税、教育费附加。

（126）31 日，计提存货跌价准备、固定资产减值准备。

（127）31 日，结转损益类账户。

（128）31 日，纳税调整（前 11 个月无纳税调整事项），计交所得税，并结转所得税费用。

（129）31 日，计提法定盈余公积、任意盈余公积，分配股利。留存收益按当年净利润为计提基数计提；股利分配按当年计提留存收益后的净利润加上年初未分配利润为分配基数，按 40% 予以分配。

（130）31 日，年末结转“本年利润”账户及“利润分配”账户。

六、广州市鸿星股份有限公司 2016 年 12 月份发生的经济业务原始凭证

部分原始凭证数据由学生填写。

（1）1 日，购买办公用品，直接交给管理部门和基本生产车间部门使用。

①

广东省国家税务局通用机打发票

发　票　联

发票号码：00208231

开票日期：2016 年 12 月 1 日　　　　行业类别：商业

付款方名称：广州市鸿星股份有限公司

付款方证件号：

收款方名称：棠德华盛超市

收款方证件号：441822560023406

开票项目说明	单位	数量	单价	金额（元）
打印纸	包	6	9.00	54.00
签字笔	盒	30	15.00	450.00
计算器	台	12	30.00	360.00

合计金额（大写）：人民币捌佰陆拾肆元整　　　　合计（小写）：￥864.00

附注：

开票人：陈菲　　　　开票单位盖章：

（印章：棠德华盛超市 0023622578712 发票专用章）

第一联　发票联　付款方付款凭证

②

办公用品领用表

2016 年 12 月 1 日

品名	管理部门			基本生产车间			合计
	数量	单价	金额	数量	单价	金额	
打印纸	5 包	9.00	45.00	1 包	9.00	9.00	54.00
签字笔	20 盒	15.00	300.00	10 盒	15.00	150.00	450.00
计算器	6 台	30.00	180.00	6 台	30.00	180.00	360.00
合计			¥525.00			¥339.00	¥864.00
签名	陈小旭			李阳			

复核：丁红　　　　　　　　制表：林伟杰

③

现金支出凭单

2016 年 12 月 1 日　　　　　　第 001 号

受款人	陈小倩	备注：
用途	购买办公用品	
金额	⊗捌佰陆拾肆元整	¥864.00

财务主管：张立　　　审核：林静　　　出纳：李莉　　　领款人：陈小倩

（2）1 日，采购员到韶关钢铁厂采购钢板，把货款汇到韶关开设临时采购账户。

①

中国工商银行　电汇凭证（回单）

委托日期：2016 年 12 月 1 日

收款人	全称	广州市鸿星股份有限公司		汇款人	全称	广州市鸿星股份有限公司	
	账号或地址	05514300668021126			账号或地址	06653300829033013	
	汇入地点	广东省韶关市	汇入行名称：永新支行		汇出地址	广东省广州市	汇出行名称：棠下支行
金额	人民币（大写）捌拾万元整					亿千百十万千百十元角分	¥ 8 0 0 0 0 0 0 0
汇款用途：开立临时采购账户以购买材料						中国工商银行股份有限公司 广州市棠下支行 2016.12.01 转讫 汇出行盖章	
上列款项已根据委托办理，如需查询，请持此回单来行面洽。							
单位主管　会计　出纳　记账						2016 年 12 月 1 日	

此联汇出行给汇款人的回单

（3）1 日，存入银行汇票存款，办理银行汇票，向中山铝材公司购买铝材。

中国工商银行　银行汇票委托书（存根）

委托日期：贰零壹陆年壹拾贰月零壹日

<table>
<tr><td rowspan="3">收款人</td><td>全　称</td><td colspan="3">中山铝材公司</td><td rowspan="3">付款人</td><td>全　称</td><td colspan="3">广州市鸿星股份有限公司</td></tr>
<tr><td>账　号
或地址</td><td colspan="3">02336500668852823</td><td>账　号
或地址</td><td colspan="3">06653300829033013</td></tr>
<tr><td>汇入地点</td><td>广东省
中山市</td><td>汇入行
名　称</td><td>小榄支行</td><td>汇出地址</td><td>广东省
广州市</td><td>汇出行
名　称</td><td>棠下支行</td></tr>
<tr><td colspan="2" rowspan="2">金额</td><td colspan="6" rowspan="2">人民币（大写）壹佰伍拾万元整</td><td colspan="2">亿 千 百 十 万 千 百 十 元 角 分</td></tr>
<tr><td colspan="2">¥ 1 5 0 0 0 0 0 0 0</td></tr>
<tr><td colspan="8">汇款用途：购买材料</td><td colspan="2" rowspan="2">中国工商银行股份有限公司
广州市棠下支行
2016.12.01
转讫
汇出行盖章
2016 年 12 月 1 日</td></tr>
<tr><td colspan="8">单位主管　　会计　　出纳　　记账</td></tr>
</table>

此联由汇款人留存作记账传票

（4）1 日，拨付行政科备用金，采用定额管理制。

①

领　款　单

2016 年 12 月 1 日

单位或姓名	行政科（郭文刚）
领 款 事 由	拨付定额业务周转金
金额（大写）	叁仟元整　　¥3 000. 00
备注：	

财务主管：张立　　会计：　　出纳：李莉　　领款人：郭文刚

②

现金支出凭单

2016 年 12 月 1 日　　第 002 号

受款人	行政科郭文刚	备注：
用　途	拨付定额业务周转金	
金　额	⊗叁仟元整	¥3000. 00

财务主管：张立　　审核：林静　　出纳：李莉　　领款人：郭文刚

（5）1日，用银行汇票支付向中山市格凌公司购买钢板的款项，上月已办理银行汇票。

①

广东增值税专用发票
抵　扣　联

№　0053856

开票日期：2016年12月01日

购货单位	名　　称：广州市鸿星股份有限公司 纳税人识别号：442268620881168 地 址 、电 话：广州市 20881168 开户行和账号：工商银行广州市棠下支行 06653300829033013				密码区	8 +06896671 +9〈06612 加密标本号：01 3 + −948 +89 ∗7 −36/88〈/〈 757/5842 +05/29585131　4400011250 4 ∗/2 − +2〉7 +00053932	
货物或应税劳务、服务名称	规格型号	单位	数量	单价	金　额	税率	税额
钢板		吨	1 20	2 780	333 600.00	17%	56 712.00
合　　计					¥333 600.00		¥56 712.00
价税合计（大写）	⊗叁拾玖万零叁佰贰拾元整				（小写）¥390 312.00		
销货单位	名　　称：中山格凌公司 纳税人识别号：44010319049286X 地 址 、电 话：中山市 56208811568 开户行和账号：工商银行中山市黄圃支行 06642600818322481				备注	中山格凌公司 44010319049286X 发票专用章	

收款人：伍月　　复核：杨迪　　开票人：李宏　　销货单位：

第二联 抵扣联 购货方扣税凭证

②

广东增值税专用发票
发　票　联

№　0053856

开票日期：2016年12月01日

购货单位	名　　称：广州市鸿星股份有限公司 纳税人识别号：442268620881168 地 址 、电 话：广州市 20881168 开户行和账号：工商银行广州市棠下支行 06653300829033013				密码区	8 +06896671 +9〈06612 加密标本号：01 3 + −948 +89 ∗7 −36/88〈/〈 757/5842 +05/29585131　4400011250 4 ∗/2 − +2〉7 +00053932	
货物或应税劳务、服务名称	规格型号	单位	数量	单价	金　额	税率	税额
钢板		吨	120	2 780	333 600.00	17%	56 712.00
合　　计					¥333 600.00		¥56 712.00
价税合计（大写）	⊗叁拾玖万零叁佰贰拾元整				（小写）¥390 312.00		
销货单位	名　　称：中山格凌公司 纳税人识别号：44010319049286X 地 址 、电 话：中山市 56208811568 开户行和账号：工商银行中山市黄圃支行 06642600818322481				备注	中山格凌公司 44010319049286X 发票专用章	

收款人：伍月　　复核：杨迪　　开票人：李宏　　销货单位：

第三联 发票联 购货方记账凭证

③

付款期一个月

中国工商 银行汇票（付款通知）

委托日期：贰零壹陆年壹拾壹月零柒日

<table>
<tr><td rowspan="3">收款人</td><td>全 称</td><td colspan="3">中山格凌公司</td><td rowspan="3">付款人</td><td>全 称</td><td colspan="3">广州市鸿星股份有限公司</td></tr>
<tr><td>账 号
或地址</td><td colspan="3">06642600818322481</td><td>账 号
或地址</td><td colspan="3">06653300829033013</td></tr>
<tr><td>汇入地点</td><td>广东省
中山市</td><td>汇入行
名 称</td><td>工行黄圃
支行</td><td>汇出地址</td><td>广东省
广州市</td><td>汇出行
名 称</td><td>棠下支行</td></tr>
<tr><td colspan="2">金额</td><td colspan="5">人民币（大写） 叁拾玖万零叁佰壹拾贰元整</td><td colspan="3">亿 千 百 十 万 千 百 十 元 角 分
¥ 3 9 0 3 1 2 0 0</td></tr>
<tr><td colspan="7">汇款用途：购买材料

单位主管 会计 出纳 记账</td><td colspan="3">中国工商银行股份有限公司
广州市黄圃支行
汇出行盖章
2016.12.01
转讫
2016 年 12 月 1 日</td></tr>
</table>

此联银行给付款人的付款通知

（6）1 日，材料入库，并结转入库材料成本差异。

材料入库验收单

验收日期：2016 年 12 月 1 日 编号：S101

品 名	单位	数 量		计划成本		实际成本				成本差异
		应收数	实收数	单价	总价	单价	总价	运杂费	合计	
钢板	吨	120	120	2 800	336 000	2 780	333 600	—	333 600	－2 400
合 计			120		336 000				333 600	－2 400

主管：杨哲峰 记账： 验收保管：叶小伟 采购：王志

（7）1 日，上述银行汇票多余款退回。

付款期一个月

中国工商 银行汇票（多余收账通知）

委托日期：贰零壹陆年壹拾壹月零柒日

<table>
<tr><td rowspan="3">收款人</td><td>全 称</td><td colspan="3">中山格凌公司</td><td rowspan="3">付款人</td><td>全 称</td><td colspan="3">广州市鸿星股份有限公司</td></tr>
<tr><td>账 号
或地址</td><td colspan="3">06642600818322481</td><td>账 号
或地址</td><td colspan="3">06653300829033013</td></tr>
<tr><td>汇入地点</td><td>广东省
中山市</td><td>汇入行
名 称</td><td>工行黄圃
支行</td><td>汇出地址</td><td>广东省
广州市</td><td>汇出行
名 称</td><td>棠下支行</td></tr>
<tr><td colspan="2">金额</td><td colspan="8">人民币：（大写）伍拾万元整</td></tr>
<tr><td colspan="2">金额</td><td colspan="4">人民币：（大写）叁拾玖万零叁佰壹拾贰元整</td><td colspan="4">亿 千 百 十 万 千 百 十 元 角 分
¥ 3 9 0 3 1 2 0 0</td></tr>
<tr><td colspan="2">多余金额</td><td colspan="4">人民币：（大写）壹拾万零玖仟陆佰捌拾捌元整</td><td colspan="4">¥109 688.00</td></tr>
<tr><td colspan="6">单位主管　会计　出纳　记账</td><td colspan="4">转账日期：2016 年 12 月 1 日
兑付行盖章</td></tr>
</table>

（印章：中国工商银行股份有限公司 广州市棠下支行 2016.12.01 转讫）

此联银行给付款人的收账通知

（8）1 日，采用托收结算方式发货到佛山国美公司，并代垫运费，尚未办理托收手续。

①

代垫费用结算清单

付款单位：佛山国美公司　　　　2016 年 12 月 1 日

托收单位	广州市鸿星股份有限公司	代垫费用项目	金　额
银行账号	06653300829033013	包装费	
发票编号	№ 00430381	装卸费	
运输单位	宏达货运公司	保险费	
托运日期	2016 年 12 月 1 日	运输费	3 330.00
提货单号数	6632679	其　他	
备注：上项代垫费用的原始凭证交付款方，本清单作为本单位的付款凭证。		人民币（大写）叁仟叁佰叁拾元整 ¥3 330.00	

②

中国工商银行
支票存根
No. 08322161

附加信息________________

出票日期：2016 年 12 月 01 日

收款单位（或收款人）	宏达货运公司
金　额	¥3 330.00
用　途	代垫运费
备　注：	
签名：高科 2016 年 12 月 01 日	

单位主管：张立　　　会计：陈晓彤

③

产品销售出库单

编号：C401

2016 年 12 月 2 日　　单位：元

货号	品　名	单位	数量	单价	金额	备注
C－01	挂壁式空调	台	1 000			刘鸣
	合　计		1 000			

二·交会计

部门负责人：陈青　　记账：　　复核：李扬　　发货：曹花

（9）2 日，黄俊归还借款。（月初余额）

①

借　款　单

2016 年 12 月 2 日

部　门	姓　名		申请金额	批准金额	备　注
业务部	黄　俊		1 000.00	1 000.00	
借款金额	⊗壹仟元整			¥1 000.00	
借款理由	私人借款	借款时间	2016/10/2	归还时间	2016/12/2

负责人：张琴　　部门主管：陈艳林　　财务主管：张立　　借款人：黄俊

②

现金收入凭单

2016 年 12 月 1 日　　　　第 001 号

交款人	黄　俊	备注：
用　途	归还私人借款	
金　额	⊗壹仟元整　　¥1 000.00	

财务主管：张立　　审核：林静　　出纳：李莉　　交款人：黄俊

（10）2 日，中山大润发商场归还上月欠款。（月初余额）

中国工商银行　进 账 单（收账通知）

2016 年 12 月 2 日

收款人	全　称	广州市鸿星股份有限公司	付款人	全　称	中山大润发商场
	账　号	06653300829033013		账　号	07656300235574482
	开户银行	工商银行广州市棠下支行		开户银行	工商银行中山市次坎支行

人民币（大写）	贰佰万元整	亿	千	百	十	万	千	百	十	元	角	分
			¥	2	0	0	0	0	0	0	0	0

票据种类	转账	中国工商银行股份有限公司 广州市棠下支行 2016.12.02 收讫 收款人开户行盖章 2016 年 12 月 2 日
票据张数	壹张	
用途：偿还上月所欠货款		
单位主管　会计　复核　记账		

此联银行给收款人的收款通知

（11）2 日，向重庆万德商场赊销，收到 60 天期银行承兑汇票一张。

①

广东增值税专用发票

记　账　联

№　0066836

开票日期：2016 年 12 月 02 日

购货单位	名　　称：重庆万德商场 纳税人识别号：400612289455332 地 址 、电 话：重庆 02382326407 开户行和账号：建设银行重庆市街口支行 08581106675682236			密码区	8 + 06896671 + 9〈06612 加密标本号：01 3 + − 948 + 89 * 7 − 36/88〈/〈 757/5842 + 05/29585131　4400011250 4 * /2 − +2〉7 + 00053932		
货物或应税劳务、服务名称	规格型号	单位	数量	单价	金　额	税率	税额
挂壁式空调		台	500	3 986	1 993 000. 00	17%	338 810. 00
立柜式空调		台	1 304	3 500	4 564 000. 00	17%	775 880. 00
合　计					¥6 557 000. 00		¥1 114 690. 00
价税合计（大写）	⊗柒佰陆拾柒万壹仟陆佰玖拾元整　（小写）¥7 671 690. 00						
销货单位	名　　称：广州市鸿星股份有限公司 纳税人识别号：442268620881168 地 址 、电 话：广州市 20881168 开户行和账号：工商银行广州市棠下支行 06653300829033013			备注	广州市鸿星股份有限公司 442268620881168 发票专用章		

收款人：李杰　　复核：廖文　　开票人：伍秋兰　　销货单位：（章）

第一联 记账联 销货方记账凭证

②

中国建设银行　承兑汇票

签发日期：贰零壹陆年壹拾贰月零贰日

收款人	全　称	广州市鸿星股份有限公司	付款人	全　称	重庆万德商场
	账　号	06653300829033013		账　号	08581106675682236
	开户银行	工商银行广州市棠下支行		开户银行	建设银行重庆市街口支行

汇票金额	人民币（大写）	千	百	十	万	千	百	十	元	角	分
	柒佰陆拾柒万壹仟陆佰玖拾元整	¥	7	6	7	1	6	9	0	0	0

汇票到期日	2017 年 1 月 31 日	承兑协议编号	003279	交易合同号码	00538
本汇票送你行承兑 此致 承兑申请人盖章：（重庆万德商场 440103456789111 财务专用章） 2016 年 12 月 2 日			本汇票经本行承兑，到期日由本行付交。 此致 承兑银行盖章：（中国建设银行股份有限公司 重庆市街口支行 2016.12.02 转讫） 2016 年 12 月 2 日		

此联交收款人作收款传票

③

产品销售出库单

编号：C402

2016 年 12 月 2 日　　　　单位：元

货号	品　名	单位	数量	单价	金额	备注
C-01	挂壁式空调	台	500			刘鸣
C-02	立柜式空调	台	1 304			
	合　计		1 804			

二·交会计

部门负责人：陈青　　记账：　　复核：李扬　　发货：曹花

（12）2 日，基本生产车间领用材料，辅助生产车间领用材料。登记材料数量减少。

①

领　料　单

领用单位：基本生产车间　　2016 年 12 月 2 日　　编号：L201

材料类别	用 途	单位	数 量		金 额	
			请 领	实 发	单 价	金 额
铝材	生产挂壁式空调	吨	150	150		
铝材	生产立柜式空调	吨	125	125		
钢板	生产挂壁式空调	吨	300	300		
钢板	生产立柜式空调	吨	228	228		
塑料	生产挂壁式空调	吨	35	35		
塑料	生产立柜式空调	吨	15	15		
合计						

记账：　　复核：　　领料人：黄涛　　发料人：陈萍

②

领　料　单

领用单位：辅助生产车间　　2016 年 12 月 2 日　　编号：L202

材料类别	用 途	单位	数 量		金 额	
			请 领	实 发	单 价	金 额
燃料	一般耗用	吨	100	100		
合 计						

记账：　　复核：　　领料人：王天　　发料人：陈萍

（13）2 日，签发支票预付下年度报刊费，摊销期为一年。

①

广东增值税普通发票
发　票　联

№　3268187

开票日期：2016 年 12 月 02 日

购货单位	名　　称：广州市鸿星股份有限公司 纳税人识别号：442268620881168 地 址 、电 话：广州市 20881168 开户行和账号：工商银行广州市棠下支行 066533008290330013			密码区	8+06896671+9〈06612 加密标本号：01 3+-948+89*7-36/88〈/〈 757/5842+05/29585131　4400011250 4*/2-+2〉7+00053932		
货物或应税劳务、服务名称	规格型号	单位	数量	单价	金　额	税率	税额
报纸		份	15	377.3587	5 660.38	6%	339.62
杂志		份	10	47.17	471.70	6%	28.30
合　计					¥6 132.08		¥367.92
价税合计（大写）	⊗陆仟伍佰元整				（小写）¥6 500.00		
销货单位	名　　称：广州邮电局 纳税人识别号：44010345678911 地 址 、电 话：广州市 38206132 开户行和账号：工商银行广州市东圃支行 06653300830272282			备注			

收款人：戴鑫　　复核：李亮　　开票人：杨小莹　　销货单位：（章）

第二联 发票联 购货方记账凭证

②

中国工商银行
支票存根
No. 08322162

附加信息＿＿＿＿＿＿＿＿

出票日期：2016 年 12 月 02 日

收款单位（或收款人）：广州邮电局
金　额：¥6 500.00
用　途：预定下年报刊费
备　注：

签名：黄丹 2016 年 12 月 02 日

单位主管：张立　　会计：陈晓彤

（14）2 日，采购员王滨预借差旅费。

①

借 款 单

2016 年 12 月 2 日

部　门	姓　名		申请金额	批准金额	备　注
采购部	王　滨		3 000.00	3 000.00	签发支票
借款金额	人民币（大写）叁仟元整			￥3 000.00	
借款理由	出差借款	借款时间	2016. 12. 2	归还时间	

负责人：张琴　　部门主管：肖刚　　财务主管：张立　　借款人：王滨

②

中国工商银行
支票存根
No. 08322163

附加信息________________

出票日期：2016 年 12 月 02 日

收款单位（或收款人）：王　滨
金　额：￥3 000.00
用　途：预支差旅费出差
备　注：

签名：王滨 2016 年 12 月 02 日

单位主管：张立　　会计：陈晓彤

（15）2 日，武汉瑞星塑料公司发来塑料验收入库，收料单 S102 号，结算凭证未到。支付市内装卸搬运费。（货到未付款，暂不作入库账分录。市内装卸搬运费属于零星支出。）

①

收　据

2016 年 12 月 2 日　　№ 4321456

今收到 广州市鸿星股份有限公司交来材料搬运装卸费

人民币（大写）贰佰元整　　（￥200.00）

单位盖章　　（印章：广顺搬运公司 4402314578033 财务专用章）　　经手人盖章 李宜

第二联 交对方

经手人：黄妍

②

现金收入凭单

2016年12月2日　　第003号

收款人	广顺搬运公司	备注：
用　途	市内材料装卸搬运费	
金　额	⊗贰佰元整　¥200.00	

财务主管：张立　　审核：林静　　出纳：李莉　　交款人：黄妍

（16）2日，1日所发佛山国美公司产品办妥托收。托收价款、税款及代垫运费。现金折扣销售，采用总价法核算。付款条件：2／10、N／30。

①

委邮　委托收款凭证（回单）　№ 002346

委托日期：2016年12月2日

收款人	全称	广州市鸿星股份有限公司	付款人	全称	佛山国美公司
	账号	06653300829033013		账号	07651100125178026
	开户银行	工商银行广州市棠下支行		开户银行	工商银行佛山市祖庙支行

委托金额	人民币（大写）	千	百	十	万	千	百	十	元	角	分
	肆佰陆拾陆万陆仟玖佰伍拾元整	¥	4	6	6	6	9	5	0	0	0

款项内容	货税款、代垫运费	凭据名称	发票、运单	附寄单证张数	贰张

备注：	款项收妥日期　年　月　日 收款人银行盖章 2016年12月2日

（印章：中国工商银行股份有限公司 广州市棠下支行 2016.12.02 收讫）

此联收款人开户行给收款人的回单

②

广东增值税专用发票

记 账 联

№ 0066837

开票日期：2016 年 12 月 02 日

购货单位	名称：佛山国美公司 纳税人识别号：400256670248908 地址、电话：佛山市 75783326492 开户行和账号：工商银行佛山市祖庙支行 07651100125178026			密码区	8 +06896671 +9〈06612 加密标本号：01 3 + −948 +89 ∗7 −36/88〈/〈 757/5842 +05/29585131 4400011250 4 ∗/2 − +2〉7 +00053932		
货物或应税劳务、服务名称	规格型号	单位	数量	单价	金额	税率	税额
挂壁式空调		台	1 000	3 986	3 986 000.00	17%	677 620.00
合计					¥3 986 000.00		¥677 620.00
价税合计（大写）	⊗肆佰陆拾陆万叁仟陆佰贰拾元整 （小写）¥4 663 620.00						
销货单位	名称：广州市鸿星股份有限公司 纳税人识别号：442268620881168 地址、电话：广州市 20881168 开户行和账号：工商银行广州市棠下支行 06653300829033013			备注	现金折扣 付款条件：2／10、N／30		

收款人：李杰　　复核：廖文　　开票人：伍秋兰　　销货单位：（章）

第一联 记账联 销货方记账凭证

③

代垫费用结算清单

付款单位：佛山国美公司　　2016 年 12 月 1 日

托收单位	广州市鸿星股份有限公司	代垫费用项目	金额
银行账号	06653300829033013	包装费	
发票编号	№ 0066837	装卸费	
运输单位	宏达货运公司	保险费	
托运日期	2016 年 12 月 1 日	运输费	3 330.00
提货单号数	6632679	其他	
备注：上项代垫费用的原始凭证交付款方，本清单作为本单位的付款凭证。		人民币（大写）叁仟叁佰叁拾元整 ¥3 330.00	

（17）3 日，预付湖南力强钢板公司订金购买钢板材料。

中国工商银行　信汇凭证（回单）

委托日期 2016 年 12 月 03 日

收款人	全　称	湖南力强钢板公司			汇款人	全　称	广州市鸿星股份有限公司	
	账　号或地址	08653200622420829				账　号或地址	06653300829033013	
	汇入地址	湖南省长沙市	汇入行名　称	岳山支行		汇出地址	广东省广州市	汇出行名　称 棠下支行
金额	人民币（大写）壹拾万元整						亿 千 百 十 万 千 百 十 元 角 分	¥ 1 0 0 0 0 0 0 0
汇款用途：预付订金购买材料							中国工商银行股份有限公司广州市棠下支行 2016.12.03 办讫 汇出行盖章	
上列款项已根据委托办理，如需查询，请持此回单来行面洽。								
单位主管　　会计　　出纳　　记账							2016 年 12 月 3 日	

此联汇出行给汇款人的回单

（18）3 日，韶关钢铁厂所购钢板材料到货，货款通过临时采购账户支付。

①

广东增值税专用发票
发　票　联

№　0092282

开票日期：2016 年 12 月 03 日

购货单位	名　称：广州市鸿星股份有限公司 纳税人识别号：442268620881168 地址、电话：广州市 20881168 开户行和账号：工商银行广州市棠下支行 06653300829033013				密码区	8 +06896671 +9〈06612 加密标本号：01 3 + −948 +89 ∗7 −36/88〈/〈 757/5842 +05/29585131　4400011250 4 ∗/2 − +2〉7 +00053932		
货物或应税劳务、服务名称	规格型号	单位	数量	单价	金　额	税率	税额	
钢板		吨	235	2 900	681 500. 00	17%	115 855. 00	
合　计					¥681 500. 00		¥115 855. 00	
价税合计（大写）	⊗柒拾玖万柒仟叁佰伍拾伍元整				（小写）¥797 355. 00			
销货单位	名　称：韶关钢铁厂 纳税人识别号：433026897100234 地址、电话：韶关市 075138811568 开户行和账号：中国银行韶关市六桥支行 05543309002118936				备注	韶关钢铁厂 433026897100234 发票专用章		

收款人：戴强　　复核：林浩海　　开票人：董群　　销货单位：（章）

第三联　发票联　购货方记账凭证

②

广东增值税专用发票

抵　扣　联

No　0092282

开票日期：2016 年 12 月 03 日

购货单位	名　　称：广州市鸿星股份有限公司 纳税人识别号：442268620881168 地 址 、电 话：广州市 20881168 开户行和账号：工商银行广州市棠下支行 06653300829033013				密码区	8 +06896671 +9〈06612 加密标本号：01 3 + −948 +89 ∗7 −36/88〈/〈 757/5842 +05/29585131　4400011250 4 ∗/2 − +2〉7 +00053932		
货物或应税劳务、服务名称	规格型号	单位	数量	单价	金　额	税率	税额	
钢板		吨	235	2 900	681 500.00	17%	115 855.00	
合　　计					¥681 500.00		¥115 855.00	
价税合计（大写）	⊗柒拾玖万柒仟叁佰伍拾伍元整					（小写）¥797 355.00		
销货单位	名　　称：韶关钢铁厂 纳税人识别号：433026897100234 地 址 、电 话：韶关市 075138811568 开户行和账号：中国银行韶关市六桥支行 05543309002118936				备注	韶关钢铁厂 433026897100234 发票专用章		

第二联 抵扣联 购货方扣税凭证

收款人：戴强　　复核：林浩海　　开票人：董群　　销货单位：（章）

③

货物运输业增值税专用发票

抵　扣　联

No　00430381

开票日期：2016 年 12 月 01 日

承运人及纳税人识别号	宏达货运公司 440105620484823	密码区	8 +06896671 +9〈06612 加密标本号：01 3 + −948 +89 ∗7 −36/88〈/〈 757/5842 +05/29585131　4400011250 4 ∗/2 − +2〉7 +00053932
实际受票方及纳税人识别号	广州市鸿星股份有限公司 442268620881168		
收货人及纳税人识别号	广州市鸿星股份有限公司 442268620881168	发货人及纳税人识别号	韶关钢铁厂 433026897100234
起运地、经由、到达地	广州		
费用项目及金额	费用项目　运费　　金额　2 000.00	货物运输信息	2016 年 12 月 1 日发货

合计金额	¥2 000.00	税率	11 %	税额	¥220.00	机器编号	889900027857
价税合计（大写）贰仟贰佰贰拾元整						（小写）¥2 220.00	
车种车号		车船吨位		备注	宏达货运公司 440105620484823 发票专用章		
主管税务机关及代码	韶关市地方税务局 31403051238						

第二联 抵扣联 受票方扣税凭证

收款人：黄涛　　复核人：顾兰兰　　开票人：李虹　　承运人：（章）

④

货物运输业增值税专用发票

发 票 联

No 00430381

开票日期：2016 年 12 月 01 日

承运人及 纳税人识别号	宏达货运公司 440105620484823	密码区	8 +06896671 +9〈06612 加密标本号：01 3 + -948 +89 *7 -36/88〈/〈 757/5842 +05/29585131　4400011250 4 */2 - +2〉7 +00053932
实际受票方及 纳税人识别号	广州市鸿星股份有限公司 442268620881168		
收货人及 纳税人识别号	广州市鸿星股份有限公司 442268620881168	发货人及 纳税人识别号	韶关钢铁厂 433026897100234
起运地、经由、到达地	广州		
费用项目及金额	费用项目：运费　金额：2 000.00	货物运输信息	2016 年 12 月 1 日发货

合计金额	¥2 000.00	税率	11 %	税额	¥220.00	机器编号	889900027857
价税合计（大写）贰仟贰佰贰拾元整						（小写）¥2 220.00	
车种车号		车船吨位		备注	宏达货运公司 440105620484823 发票专用章		
主管税务机关及代码	韶关市地方税务局 31403051238						

收款人：黄涛　　复核人：顾兰兰　　开票人：李虹　　承运人：（章）

第三联 发票联 受票方记账凭证

⑤

中国工商银行 电汇凭证（回单）

2016 年 12 月 03 日

收款人	全称	韶关钢铁厂	付款人	全称	广州市鸿星股份有限公司
	账号	05543309002118936		账号	05514300668021126
	开户银行	中国银行韶关市六桥支行		开户银行	工商银行韶关市永新支行

人民币（大写）	亿	千	百	十	万	千	百	十	元	角	分
柒拾玖万玖仟伍佰柒拾伍元整			¥	7	9	9	5	7	5	0	0

汇款用途	支付材料价税款、运费
单位主管　会计　出纳　记账	中国工商银行股份有限公司韶关市永新支行 2016.12.03 业务办理章 收款人开户行盖章 2016 年 12 月 3 日

此联汇出行给汇款人的回单

（19）3 日，韶关钢铁厂所购钢板材料验收入库，并发现短缺，原因待查。

①

材料入库验收单

验收日期：2016 年 12 月 3 日　　　　　　编号：S103

品名	单位	数量		计划成本		实际成本				成本差异
		应收数	实收数	单价	总价	单价	总价	运杂费	合计	
钢板	吨	235	234	2 800	655 200	2 900	678 600	2 000	680 600	+25 400
合计			234		655 200				680 600	+25 400

主管：杨哲峰　　记账：　　验收保管：叶小伟　　采购：王滨

②

进料溢缺报告单

验收日期：2016 年 12 月 3 日

品　名	单位	数　量		单 价	金 额	税 款	合 计	原 因
		溢 余	短 缺					
钢　板	吨		1	2 900	2 900	493	3 393	待 查
合　计							3 393	
批准意见								

主管：杨哲峰　　记账：　　验收保管：叶小伟　　采购：王滨

（20）3 日，韶关采购账户撤销，余款退回。

中国工商银行　进账单（收账通知）

2016 年 12 月 3 日

收款人	全　称	广州市鸿星股份有限公司	付款人	全　称	广州市鸿星股份有限公司
	账　号	06653300829033013		账　号	05514300668021126
	开户银行	工商银行广州市棠下支行		开户银行	工商银行韶关市永新支行
人民币（大写）		肆佰贰拾伍元整	亿千百十万千百十元角分		¥42500
票据种类		转账　采购账户余款退回			
票据张数		壹张			
单位主管　会计　出纳　记账			收款人开户行盖章 2016 年 12 月 3 日		

中国工商银行股份有限公司 广州市棠下支行 2016.12.03 收讫

此联银行给收款人的收款通知

（21）3 日，签发支票购入低值易耗品及包装物。

①

广东增值税专用发票
发 票 联

No 0068772

开票日期：2016 年 12 月 03 日

购货单位	名　　称：广州市鸿星股份有限公司 纳税人识别号：442268620881168 地 址 、电 话：广州市 20881168 开户行和账号：工商银行广州市棠下支行 06653300829033013				密码区	8 +06896671 +9〈06612 加密标本号：01 3 + −948 +89 ∗7 −36/88〈/〈 757/5842 +05/29585131　4400011250 4 ∗/2 − +2〉7 +00053932		
货物或应税劳务、服务名称	规格型号	单位	数量	单价	金　额	税率	税额	
生产工具		件	1 000	262.00	262 000.00	17%	44 540.00	
包装物		件	2 000	76.00	152 000.00	17%	25 840.00	
合　计					¥414 000.00		¥70 380.00	
价税合计（大写）	⊗肆拾捌万肆仟叁佰捌拾元整				（小写）¥484 380.00			
销货单位	名　　称：广东省物资公司 纳税人识别号：433100168623448 地 址 、电 话：广州市 82110023 开户行和账号：建设银行广州市环市支行 02468700681123786				备注	广东省物资公司 433100168623448 发票专用章		

第三联 发票联 购货方记账凭证

收款人：张辰　　复核：范敬东　　开票人：吴添　　销货单位：（章）

②

广东增值税专用发票
抵 扣 联

No 0068772

开票日期：2016 年 12 月 03 日

购货单位	名　　称：广州市鸿星股份有限公司 纳税人识别号：442268620881168 地 址 、电 话：广州市 20881168 开户行和账号：工商银行广州市棠下支行 06653300829033013				密码区	8 +06896671 +9〈06612 加密标本号：01 3 + −948 +89 ∗7 −36/88〈/〈 757/5842 +05/29585131　4400011250 4 ∗/2 − +2〉7 +00053932		
货物或应税劳务、服务名称	规格型号	单位	数量	单价	金　额	税率	税额	
生产工具		件	1 000	262.00	262 000.00	17%	44 540.00	
包装物		件	2 000	76.00	152 000.00	17%	25 840.00	
合　计					¥414 000.00		¥70 380.00	
价税合计（大写）	⊗肆拾捌万肆仟叁佰捌拾元整				（小写）¥484 380.00			
销货单位	名　　称：广东省物资公司 纳税人识别号：433100168623448 地 址 、电 话：广州市 82110023 开户行和账号：建设银行广州市环市支行 02468700681123786				备注	广东省物资公司 433100168623448 发票专用章		

第二联 抵扣联 购货方扣税凭证

收款人：张辰　　复核：范敬东　　开票人：吴添　　销货单位：（章）

③

中国工商银行
支票存根
No. 08322164

附加信息________________

出票日期：2016 年 12 月 03 日

收款单位（或收款人）广东省物资公司
金　　额 ¥484 380.00
用　　途 购买工具、包装物
备　　注：

签名：廖文 2016 年 12 月 03 日

单位主管：张立　　会计：陈晓彤

（22）3 日，包装物验收入库，并结转入库包装物成本差异。

材料入库验收单

验收日期：2016 年 12 月 3 日　　编号：S104

品名	单位	数量		计划成本		实际成本				成本差异
		应收数	实收数	单价	总价	单价	总价	运杂费	合计	
包装物	件	2 000	2 000	80.00	160 000	76.00	152 000	—	152 000	－8 000.00
合计					160 000		152 000	—	152 000	－8 000.00

主管：杨哲峰　　记账：　　验收保管：叶小伟　　采购：杜飞

（23）3 日，低值易耗品验收入库，并结转入库低值易耗品成本差异。

材料入库验收单

验收日期：2016 年 12 月 3 日　　编号：S105

品名	单位	数量		计划成本		实际成本				成本差异
		应收数	实收数	单价	总价	单价	总价	运杂费	合计	
生产工具	件	1 000	1 000	260.00	260 000	262.00	262 000	—	262 000	＋2 000.00
合计					260 000		262 000	—	262 000	＋2 000.00

主管：杨哲峰　　记账：　　验收保管：叶小伟　　采购：杜飞

（24）4 日，基本生产车间领用工具、包装物。登记数量减少，月末一次摊销成本。

领 料 单

领用单位：基本生产车间　　2016 年 12 月 4 日　　编号：L203

材料类别	用 途	单位	数 量		金 额	
			请 领	实 发	单 价	金 额
包装物	一般耗用	件	2 400	2 400		
低值易耗品	一般耗用	件	2 500	2 500		
合 计						

记账：　　复核：　　领料人：张洋　　发料人：陈萍

（25）4 日，基本生产车间买回劳动保护用品。

①

广东省国家税务局通用机打发票
发 票 联

发票号码：00208706

开票日期：2016 年 12 月 04 日　　行业类别：商业

付款方名称：广州市鸿星股份有限公司

付款方证件号：

收款方名称：东圃新星商行

收款方证件号：0023622574158

开票项目说明	单位	数量	单价	金额（元）
工 作 服	套	100	54. 11	5 411. 00

合计金额（大写）：伍仟肆百壹拾壹元整　　合计金额（小写）：¥5 411. 00

附注：

开票人：方慧慧　　开票单位盖章：

东圃新星商行 0023622574158 发票专用章

第一联 发票联 付款方付款凭证

②

中国工商银行 支票存根 No. 08322165
附加信息＿＿＿＿＿＿＿＿
出票日期：2016 年 12 月 04 日
收款单位（或收款人）：东圃新星商行
金　　额：¥5 411.00
用　　途：购买工作服
备　　注：
签名：赵虹　2016 年 12 月 04 日

单位主管：张立　　　　会计：陈晓彤

③

劳保用品领用单

2016 年 12 月 4 日

品　名	单位	数量	单　价	金　额	领用部门	签　名
工作服	套	100	54.11	5 411.00	生产车间	张　洋
合　计				5 411.00		

主管：洪强　　　　　　复核：张志涛　　　　　　制表：叶小伟

（26）5 日，采购员王滨报销 2 日借支差旅费，现金退返差额。

①

出差（调遣）旅费报销单

2016 年 12 月 05 日

姓名		王滨		出差人数	1	出差目的地	上海市	出差事由	购买材料	日期	12 月 2 日至 12 月 5 日共 3 天	
起讫		出发地	到达地	交通费				其他	住勤补助			合计
月	日			火车	汽车	飞机	市内	费宿	天数	标准	金额	
12	2	广州市	上海市	790.00			30.00	800.00	3	80.00	240.00	1 860.00
12	5	上海市	广州市	790.00			30.00					820.00
合计		人民币（大写）贰仟陆佰捌拾元整　¥2 680.00										
预借		3 000.00		交结余		320.00		补付款				

财务主管：张立　　　　　　部门负责人：林东铭　　　　　　经办人：王滨

②

现金收入凭单

2016 年 12 月 05 日　　第 002 号

交款人	王 滨	备注：
用　途	出差报销返纳	
金　额	⊗叁佰贰拾元整　¥320.00	

财务主管：张立　审核：　出纳：李莉　交款人：王滨

（27）5 日，向大沥铝材公司赊购材料，签发商业承兑汇票。

①

广东增值税专用发票
发　票　联

№ 0071226

开票日期：2016 年 12 月 05 日

购货单位	名　称：广州市鸿星股份有限公司 纳税人识别号：442268620881168 地 址 、电 话：广州市 20881168 开户行和账号：工商银行广州市棠下支行 06653300829033013				密码区	8 +06896671 +9〈06612 加密标本号：01 3 + −948 +89 ∗7 −36/88〈/〈 757/5842 +05/29585131　4400011250 4 ∗/2 − +2〉7 +00053932		
货物或应税劳务、服务名称	规格型号	单位	数量	单价	金　额	税率	税额	
铝材		吨	730	9 825.53	7 172 640.00	17%	1 219 348.80	
合　计					¥7 172 640.00		¥1 219 348.80	
价税合计（大写）	⊗捌佰叁拾玖万壹仟玖佰捌拾捌元捌角整（小写）¥8 391 988.80							
销货单位	名　称：大沥铝材公司 纳税人识别号：433100168622336 地 址 、电 话：广州市 88263021 开户行和账号：交通银行广州市永兴支行 0224260075624023				备注	大沥铝材公司 433100168622336 发票专用章		

第三联 发票联 购货方记账凭证

收款人：唐慧慧　复核：周倩倩　开票人：徐海峰　销货单位：（章）

②

广东增值税专用发票
抵 扣 联

№ 0071226

开票日期：2016 年 12 月 05 日

购货单位	名称：广州市鸿星股份有限公司 纳税人识别号：442268620881168 地址、电话：广州市 20881168 开户行和账号：工商银行广州市棠下支行 06653300829033013					密码区	8 +06896671 +9〈06612 加密标本号：01 3 + −948 +89 ∗7 −36/88〈/〈 757/5842 +05/29585131 4400011250 4 ∗/2 − +2〉7 +00053932		
货物或应税劳务、服务名称		规格型号	单位	数量	单价		金额	税率	税额
铝材			吨	730	9 825. 53		7 172 640. 00	17%	1 219 348. 80
合计							¥7 172 640. 00		¥1 219 348. 80
价税合计（大写）	⊗捌佰叁拾玖万壹仟玖佰捌拾捌元捌角整（小写）¥8 391 988. 80								
销货单位	名称：大沥铝材公司 纳税人识别号：433100168622336 地址、电话：广州市 88263021 开户行和账号：交通银行广州市永兴支行 0224260075624023					备注			

收款人：唐慧慧　　复核：周倩倩　　开票人：徐海峰　　销货单位：（章）

第二联 抵扣联 购货方扣税凭证

③

商业承兑汇票（存根）

签发日期：贰零壹陆年壹拾贰月零伍日

收款人	全称	大沥铝材公司		付款人	全称	广州市鸿星股份有限公司
	账号	0224260075624023			账号	06653300829033013
	开户银行	交通银行广州市永兴支行			开户银行	工商银行广州市棠下支行

汇票金额	人民币（大写）捌佰叁拾玖万壹仟玖佰捌拾捌元捌角整	千	百	十	万	千	百	十	元	角	分
		¥	8	3	9	1	9	8	8	8	0

汇票到期日	2017 年 4 月 5 日	承兑协议编号	001235	交易合同号码	00623

备注：	本汇票经本公司签发并承兑。 此致 承兑人盖章： 2016 年 12 月 5 日

此联签发人留存

（28）5 日，上述购进铝材验收入库，并结转入库材料成本差异。

材料入库验收单

验收日期：2016 年 12 月 3 日　　　　编号：S106

品 名	单位	数量		计划成本		实际成本				成本差异
		应收数	实收数	单价	总价	单价	总价	运杂费	合计	
铝材	吨	730	730	10 000	7 300 000	9 825. 53	7 172 640	—	7 172 640	－127 360
合 计					7 300 000		7 172 640		7 172 640	－127 360

主管：杨哲峰　　记账：　　验收保管：叶小伟　　采购：杜飞

（29）5 日，审核单据付款，部分拒付燕山钢铁有限公司托收款，因材料尚未运到。

①

委托承付结算拒付理由书（支款通知）

拒付日期：2016 年 12 月 5 日

<table>
<tr><td rowspan="3">收款人</td><td>全　称</td><td colspan="3">燕山钢铁有限公司</td><td rowspan="3">付款人</td><td>全　称</td><td colspan="10">广州市鸿星股份有限公司</td></tr>
<tr><td>账　号</td><td colspan="3">02332500668002331</td><td>账　号</td><td colspan="10">06653300829033013</td></tr>
<tr><td>开户银行</td><td colspan="3">工商银行上海市虹桥支行</td><td>开户银行</td><td colspan="10">工商银行广州市棠下支行</td></tr>
<tr><td rowspan="2">委托金额</td><td rowspan="2">3 451 500 元</td><td rowspan="2">拒付金额</td><td rowspan="2">345 150 元</td><td rowspan="2" colspan="3">部分承付金额</td><td>千</td><td>百</td><td>十</td><td>万</td><td>千</td><td>百</td><td>十</td><td>元</td><td>角</td><td>分</td></tr>
<tr><td>¥</td><td>3</td><td>1</td><td>0</td><td>6</td><td>3</td><td>5</td><td>0</td><td>0</td><td>0</td></tr>
<tr><td>附寄单证</td><td>贰张</td><td colspan="15">部分承付金额（大写）叁佰壹拾万零陆仟叁佰伍拾元整</td></tr>
<tr><td colspan="5">拒付理由：钢板 100 吨与合同规定的规格不符，计价款 295 000 元、税款 50 150 元，总拒付 345 150 元，承付 3 106 350 元。
企业盖章
（广州市鸿星股份有限公司 财务专用章 4226…2239）
2016 年 12 月 5 日</td><td colspan="12">银行意见：同意拒付理由
付款人开户银行盖章
（中国工商银行股份有限公司 广州市棠下支行 2016.12.05 付讫）
2016 年 12 月 5 日</td></tr>
</table>

此联是开户行给付款人的付款通知

②

上海增值税专用发票
发　票　联

No 0072287

开票日期：2016 年 12 月 05 日

购货单位	名　　称：广州市鸿星股份有限公司 纳税人识别号：442268620881168 地 址 、电 话：广州市 20881168 开户行和账号：工商银行广州市棠下支行 06653300829033013	密码区	8 +06896671 +9〈06612 加密标本号：01 3 + −948 +89 ∗7 −36/88〈/〈 757/5842 +05/29585131　4400011250 4 ∗/2 − +2〉7 +00053932

货物或应税劳务、服务名称	规格型号	单位	数量	单价	金　额	税率	税额
钢板		吨	1 000	2 950.00	2 950 000.00	17%	501 500.00
合　　计					￥2 950 000.00		￥501 500.00
价税合计（大写）	⊗叁佰肆拾伍万壹仟伍佰元整				（小写）￥3 451 500.00		

销货单位	名　　称：燕山钢铁有限公司 纳税人识别号：420056678810836 地 址 、电 话：上海市 02182630218 开户行和账号：工商银行上海市虹桥支行 02332500668002331	备注	燕山钢铁有限公司 420056678810836 发票专用章

收款人：朱婷　　复核：雷剑　　开票人：方子华　　销货单位：（章）

第三联 发票联 购货方记账凭证

③

上海增值税专用发票
抵　扣　联

No 0072287

开票日期：2016 年 12 月 05 日

购货单位	名　　称：广州市鸿星股份有限公司 纳税人识别号：442268620881168 地 址 、电 话：广州市 20881168 开户行和账号：工商银行广州市棠下支行 06653300829033013	密码区	8 +06896671 +9〈06612 加密标本号：01 3 + −948 +89 ∗7 −36/88〈/〈 757/5842 +05/29585131　4400011250 4 ∗/2 − +2〉7 +00053932

货物或应税劳务、服务名称	规格型号	单位	数量	单价	金　额	税率	税额
钢板		吨	1 000	2 950.00	2 950 000.00	17%	501 500.00
合　　计					￥2 950 000.00		￥501 500.00
价税合计（大写）	⊗叁佰肆拾伍万壹仟伍佰元整				（小写）￥3 451 500.00		

销货单位	名　　称：燕山钢铁有限公司 纳税人识别号：420056678810836 地 址 、电 话：上海市 02182630218 开户行和账号：工商银行上海市虹桥支行 02332500668002331	备注	燕山钢铁有限公司 420056678810836 发票专用章

收款人：朱婷　　复核：雷剑　　开票人：方子华　　销货单位：（章）

第二联 抵扣联 购货方扣税凭证

（30）5 日，支付 2 日到货的武汉瑞星塑料公司的材料款。

①

湖北增值税专用发票

发 票 联

No 0058236

开票日期：2016 年 12 月 05 日

购货单位	名 称：广州市鸿星股份有限公司 纳税人识别号：442268620881168 地 址 、电 话：广州市 20881168 开户行和账号：工商银行广州市棠下支行 06653300829033013				密码区	8 +06896671 +9〈06612 加密标本号：01 3 + −948 +89 ∗7 −36/88〈/〈 757/5842 +05/29585131 4400011250 4 ∗/2 − +2〉7 +00053932	
货物或应税劳务、服务名称	规格型号	单位	数量	单价	金 额	税率	税额
塑料		吨	600	7 866. 67	4 7200 00. 00	17%	802 400. 00
合 计					¥4 7200 00. 00		¥802 400. 00
价税合计（大写）	⊗伍佰伍拾贰万贰仟肆佰元整				（小写）¥5 522 400. 00		
销货单位	名 称：武汉瑞星塑料公司 纳税人识别号：312446788002313 地 址 、电 话：武汉市 02788344632 开户行和账号：工商银行武汉市汉口支行 05583200663522993				备注	武汉瑞星塑料公司 312446788002313 发票专用章	

收款人：许燕　　复核：赵刚　　开票人：郑小珍　　销货单位：（章）

第三联 发票联 购货方记账凭证

②

湖北增值税专用发票

抵 扣 联

No 0058236

开票日期：2016 年 12 月 05 日

购货单位	名 称：广州市鸿星股份有限公司 纳税人识别号：442268620881168 地 址 、电 话：广州市 20881168 开户行和账号：工商银行广州市棠下支行 06653300829033013				密码区	8 +06896671 +9〈06612 加密标本号：01 3 + −948 +89 ∗7 −36/88〈/〈 757/5842 +05/29585131 4400011250 4 ∗/2 − +2〉7 +00053932	
货物或应税劳务、服务名称	规格型号	单位	数量	单价	金 额	税率	税额
塑料		吨	600	7 866. 67	4 7200 00. 00	17%	802 400. 00
合 计					¥4 7200 00. 00		¥802 400. 00
价税合计（大写）	⊗伍佰伍拾贰万贰仟肆佰元整				（小写）¥5 522 400. 00		
销货单位	名 称：武汉瑞星塑料公司 纳税人识别号：312446788002313 地 址 、电 话：武汉市 02788344632 开户行和账号：工商银行武汉市汉口支行 05583200663522993				备注	武汉瑞星塑料公司 312446788002313 发票专用章	

收款人：许燕　　复核：赵刚　　开票人：郑小珍　　销货单位：（章）

第二联 抵扣联 购货方扣税凭证

③

托收承付结算凭证（支款通知）

委托日期：2016 年 12 月 5 日　　　　　到期 2016 年 12 月 08 日

收款人	全　称	武汉瑞星塑料公司	付款人	全　称	广州市鸿星股份有限公司
	账　号	05583200663522993		账　号	06653300829033013
	开户银行	工商银行武汉市汉口支行		开户银行	工商银行广州市棠下支行

汇票金额	人民币（大写）伍佰伍拾贰万贰仟肆佰元整	千	百	十	万	千	百	十	元	角	分
		¥	5	5	2	2	4	0	0	0	0

附寄单证	贰张	商品发运情况	正常发运	合同名称号码	002368
备注：			支付日期：2016 年 12 月 5 日 付款人开户银行盖章： 中国工商银行股份有限公司 广州市棠下支行 2016.12.05 付讫		

此联是交付款人的付款通知

（31）5 日，上述塑料 2 日已入库，填单计算计划成本、实际成本、成本差异，做塑料入库分录，并结转材料成本差异。

材料入库验收单

验收日期：2016 年 12 月 2 日　　　　　编号：S102

品名	单位	数量		计划成本		实际成本				成本差异
		应收数	实收数	单价	总价	单价	总价	运杂费	合计	
塑料	吨	600	600	8 000	4 800 000	7 866. 67	4 720 000	—	4 720 000	－80 000
合 计			600		4 800 000		4 720 000		4 720 000	－80 000

主管：杨哲峰　　记账：　　验收保管：叶小伟　　采购：杜飞

（32）6 日，3 日韶关钢铁厂所发的钢板短缺经查为运输部门责任，运输部门已同意赔偿，予以转账。

进料溢（缺）报告单

验收日期：2016 年 12 月 3 日

品　名	单位	数　量		单 价	金 额	税 款	合 计	原 因
		溢 余	短 缺					
钢　板	吨		1	2 900	2 900	493	3 393	属铁路部门责任
合　计							3 393	
批准意见	运输部门已同意赔偿　　2016 年 12 月 6 日							

主管：杨哲峰　　记账：　　验收保管：叶小伟　　采购：王滨

（33）6 日，购买股票，划分为交易性金融资产。

证券公司

成交过户交割单

买

成交日期：2016 年 12 月 6 日

股东名称：	广州市鸿星股份有限公司	成交证券：	宝商股票
股东账号：	A629203	成交数量：	100 000（股）
资金账号：	48010249	成交价格：	5.1 元／股
		宣告股利：	0.1 元／股
申请编号：	6 356	成交金额：	510 000.00
申请时间：	11：20	佣金：	300.00
成交时间：	11：22	过户费用：	100.00
上次余额：	0.00	印花税：	
本次成交：	100 000（股）	附加费用：	
本次余额：	500 000.00	清算金额：	510 400.00
本次库存：	100 000（股）	清算日期：	20161206

经办单位：永安证券交易所　　客户签章：广州市鸿星股份有限公司

永安证券交易所 440100562348952 业务专用章

广州市鸿星股份有限公司 42268620882239 财务专用章

（34）6 日，用固定资产进行投资，协商价与公允价值一致。

①

固定资产调拨单

调入单位：永昌家电有限公司

调出单位：广州市鸿星股份有限公司　　2016 年 12 月 6 日

固定资产名　称	规格及型号	单位	数量	预计使用年限	已使用年限	原　值	折　旧	净　值
生 产 线	C－03	套	1	6	1	9 420 000	1 420 000	8 000 000
调拨原因	联营投资		计价方式			协商按资产账面价计价		
调入单位签章：永昌家电有限公司 42268620882239 财务专用章				调出单位签章：广州市鸿星股份有限公司 42268620882239 财务专用章				
备注：投资总额占永昌家电有限公司股份的 30%，其所有者权益总额为 30 000 000 元。								

②

广东增值税专用发票

记　账　联

№　0066838

开票日期：2016 年 12 月 06 日

购货单位	名　　称：永昌家电有限公司 纳税人识别号：440102289456819 地 址 、电 话：广州市 83326317 开户行和账号：建设银行广州市丰乐支行 0223820023675680073			密码区	8＋06896671＋9〈06612 加密标本号：01 3＋－948＋89＊7－36/88〈/〈 757/5842＋05/29585131　4400011250 4＊/2－＋2〉7＋00053932		
货物或应税劳务、服务名称	规格型号	单位	数量	单价	金　额	税率	税额
生产设备		套	8 000 000	1	8 000 000. 00	17%	1 360 000. 00
合　　计					¥8 000 000. 00		¥1 360 000. 00
价税合计（大写）	⊗玖佰叁拾陆万元整				（小写）¥9 360 000. 00		
销货单位	名　　称：广州市鸿星股份有限公司 纳税人识别号：442268620881168 地 址 、电 话：广州市 20881168 开户行和账号：工商银行广州市棠下支行 06653300829033013			备注	广州市鸿星股份有限公司 442268620881168 发票专用章		

收款人：李杰　　复核：廖文　　开票人：伍秋兰　　销货单位：（章）

第一联 记账联 销货方记账凭证

（35）6 日，购买当日发行三年期国库券 4 850 份，准备持有至到期。国库券年利率 5%，面值每份 100 元，到期一次还本付息。发行价每份 102.5 元，佣金 2 875 元。

证券公司

成交过户交割单

成交日期：2016 年 12 月 6 日　　　　买

股东编号：	A6236813	成交证券：	国库券（三年期、利率 5%）
电脑编号：	663712	成交数量：	4 850（份）
公司名称：	财政部	成交价格：	102.5 元 / 份
申请编号：	6568	成交金额：	497 125.00
申请时间：	14 : 25 : 21	佣金：	2 875.00
成交时间：	14 : 46 : 32	过户费用：	
上次余额：	0.00	印花税：	
本次成交：	4 850（份）	应付金额：	500 000.00
本次余额：	497 125.00	附加费用：	
本次库存：	4 850（份）	实付金额：	500 000.00

经办单位：永安证券交易所　　　　客户签章：广州市鸿星股份有限公司

（36）6 日，盘亏挂壁式空调，同时结转成本，进项税额转出（按期初单价计价）。

①

库存商品盘点盈（亏）报告单

仓库：第二仓库　　　　2016 年 12 月 6 日　　　　单位：元

品　名	规格	计量单位	数　量		单价	金　额	原　因
			盘　盈	盘　亏			
挂壁式空调		台		1	2 500.00	2 500.00	无法查明
合　计						2 500.00	
处理意见	保管员赔偿 507 元，其余做企业管理不善处理。						

主管：张立　　　　会计：　　　　仓库负责人：李虹　　　　保管：张强

②

增值税进项税额转出计算表

2016 年 12 月 6 日　　　　单位：元

存货名称	计税金额	税　率	进项税额转出
钢板	2 500.00	17%	425.00
合　计			425.00

复核：张杨　　　　制表：李佳

（37）7 日，建造厂房工程外包，预付工程价款。

①

广东增值税专用发票

发 票 联

No 0098211

开票日期：2016 年 12 月 07 日

购货单位	名　　称：广州市鸿星股份有限公司 纳税人识别号：442268620881168 地 址 、电 话：广州市 20881168 开户行和账号：工商银行广州市棠下支行 06653300829033013					密码区	8 +06896671 +9〈06612 加密标本号：01 3 + −948 +89 ∗7 −36/88〈/〈 757/5842 +05/29585131　4400011250 4 ∗/2 − +2〉7 +00053932	
货物或应税劳务、服务名称	规格型号	单位	数量	单价	金　额	税率	税额	
建造厂房		座	1	1 600 000. 00	1 600 000. 00	11%	176 000. 00	
合　　计					¥1 600 000. 00		¥176 000. 00	
价税合计（大写）	⊗壹佰柒拾柒万陆仟元整				（小写）¥1 776 000. 00			
销货单位	名　　称：广州科苑集团 纳税人识别号：433100168622336 地 址 、电 话：广州市 88260731 开户行和账号：工商银行广州市江边支行 0228760075627882					备注	广州科苑集团 433100168622336 发票专用章	

收款人：李力　　　复核：周颖　　　开票人：徐芳　　　销货单位：（章）

第三联 发票联 购货方记账凭证

②

广东增值税专用发票

抵 扣 联

No 0098211

开票日期：2016 年 12 月 07 日

购货单位	名　　称：广州市鸿星股份有限公司 纳税人识别号：442268620881168 地 址 、电 话：广州市 20881168 开户行和账号：工商银行广州市棠下支行 06653300829033013					密码区	8 +06896671 +9〈06612 加密标本号：01 3 + −948 +89 ∗7 −36/88〈/〈 757/5842 +05/29585131　4400011250 4 ∗/2 − +2〉7 +00053932	
货物或应税劳务、服务名称	规格型号	单位	数量	单价	金　额	税率	税额	
建造厂房		座	1	1 600 000. 00	1 600 000. 00	11%	176 000. 00	
合　　计					¥1 600 000. 00		¥176 000. 00	
价税合计（大写）	⊗壹佰柒拾柒万陆仟元整				（小写）¥1 776 000. 00			
销货单位	名　　称：广州科苑集团 纳税人识别号：433100168622336 地 址 、电 话：广州市 88260731 开户行和账号：工商银行广州市江边支行 0228760075627882					备注	广州科苑集团 433100168622336 发票专用章	

收款人：李力　　　复核：周颖　　　开票人：徐芳　　　销货单位：（章）

第二联 抵扣联 购货方扣税凭证

③

中国工商银行 支票存根 No. 08322166
附加信息________________
出票日期：2016 年 12 月 07 日
收款单位（或收款人）　广州科苑集团
金　额　¥ 1 776 000. 00
用　途　外包工程建造厂房
备　注：
签名：刘刚　2016 年 12 月 07 日

单位主管：张立　　　会计：陈晓彤

（38）7 日，以旧换新固定资产，支付补价 20 000 元。非货币性资产交换，不具有商业实质，按账面价值计价。

①

非货币性资产交换协议书

广州市鸿星股份有限公司以一台型号 CC－01 的车床换入广州车床厂型号 CH－02 的车床一台。

广州市鸿星股份有限公司的车床账面原值 340 000 元，已提折旧 80 000 元。

广州车床厂的车床账面原值 280 000 元。

双方计税价格均为 280 000 元，增值税税率 17%。双方不存在关联关系，均未对资产计提减值准备。

广州市鸿星股份有限公司另支付广州车床厂 20 000 元补价。

本协议自双方签字起开始生效。

（印章：广州市鸿星股份有限公司 合同专用章）　　　（印章：广州车床厂 合同专用章）

广州市鸿星股份有限公司　　　　　　广州车床厂

2016 年 12 月 7 日　　　　　　2016 年 12 月 7 日

②

广东增值税专用发票
记 账 联

№ 0066839

开票日期：2016 年 12 月 07 日

购货单位	名　　称：广州车床厂 纳税人识别号：440235233145623 地 址 、电 话：广州市 02032256236 开户行和账号：建设银行广州市丰乐支行 02238200236618638	密码区	8 +06896671 +9 〈06612 加密标本号：01 3 + -948 +89 *7 -36/88 〈/〈 757/5842 +05/29585131　4400011250 4 */2 - +2〉7 +00053932

货物或应税劳务、服务名称	规格型号	单位	数量	单价	金额	税率	税额
车床（CC -01）		台	1	2 800 000. 00	280 000. 00	17%	47 600. 00
合　计					¥280 000. 00		¥47 600. 00
价税合计（大写）	⊗叁拾贰万柒仟陆佰元整				（小写）¥327 600. 00		

销货单位	名　　称：广州市鸿星股份有限公司 纳税人识别号：442268620881168 地 址 、电 话：广州市 20881168 开户行和账号：工商银行广州市棠下支行 06653300829033013	备注	

收款人：沈钰　　复核：苏敏　　开票人：伍秋兰　　销货单位：（章）

第一联 记账联 销货方记账凭证

③

固定资产交接证

2016 年 12 月 7 日

移交单位：广州市鸿星股份有限公司　　接受单位：广州车床厂

固定资产名称：车床　　规　　格：CC -01

原　　价：340 000. 00 元　　其中安装费用：________　　已提折旧：80 000 元

预计使用年限：5 年　　预计残余价值：22 000 元　　预计清理费用：5 000 元

估计大修理次数________　　金额________　　过去已经过大修理次数________

验收意见：良好

验收人（盖章）刘宝兰

移交单位（盖章）　　接受单位（盖章）

④

广东增值税专用发票
发 票 联

№ 0082339

开票日期：2016 年 12 月 07 日

购货单位	名　　称：广州市鸿星股份有限公司 纳税人识别号：442268620881168 地 址 、电 话：广州市 20881168 开户行和账号：工商银行广州市棠下支行 06653300829033013				密码区	8 +06896671 +9〈06612 加密标本号：01 3 + －948 +89 ∗7 －36/88〈/〈 757/5842 +05/29585131　4400011250 4 ∗/2 － +2〉7 +00053932		
货物或应税劳务、服务名称	规格型号	单位	数量	单价	金　额	税率	税额	
车床（CH－02）		台	1	2 800 000.00	280 000.00	17%	47 600.00	
合　　计					¥280 000.00		¥47 600.00	
价税合计（大写）	⊗叁拾贰万柒仟陆佰元整					（小写）¥327 600.00		
销货单位	名　　称：广州车床厂 纳税人识别号：440235233145623 地 址 、电 话：广州市 02032256236 开户行和账号：建设银行广州市丰乐支行 02238200236618638				备注	广州车床厂 440235233145623 发票专用章		

收款人：黄鑫　　复核：李娟　　开票人：吴静兰　　销货单位：（章）

第三联 发票联 购货方记账凭证

⑤

广东增值税专用发票
抵 扣 联

№ 0082339

开票日期：2016 年 12 月 07 日

购货单位	名　　称：广州市鸿星股份有限公司 纳税人识别号：442268620881168 地 址 、电 话：广州市 20881168 开户行和账号：工商银行广州市棠下支行 06653300829033013				密码区	8 +06896671 +9〈06612 加密标本号：01 3 + －948 +89 ∗7 －36/88〈/〈 757/5842 +05/29585131　4400011250 4 ∗/2 － +2〉7 +00053932		
货物或应税劳务、服务名称	规格型号	单位	数量	单价	金　额	税率	税额	
车床（CH－02）		台	1	2 800 000.00	280 000.00	17%	47 600.00	
合　　计					¥280 000.00		¥47 600.00	
价税合计（大写）	⊗叁拾贰万柒仟陆佰元整					（小写）¥327 600.00		
销货单位	名　　称：广州车床厂 纳税人识别号：440235233145623 地 址 、电 话：广州市 02032256236 开户行和账号：建设银行广州市丰乐支行 02238200236618638				备注	广州车床厂 440235233145623 发票专用章		

收款人：黄鑫　　复核：李娟　　开票人：吴静兰　　销货单位：（章）

第二联 抵扣联 购货方扣税凭证

⑥

固定资产交接证

2016 年 12 月 7 日

移交单位：广州车床厂		接受单位：广州市鸿星股份有限公司
固定资产名称：车床		规　　格：CH－02
原　　价：280 000.00 元	其中安装费用：＿＿＿＿	已提折旧：＿＿＿＿
预计使用年限：6 年	预计残余价值：20 000 元	预计清理费用：2 000 元
估计大修理次数＿＿＿＿	金额＿＿＿＿	过去已经过大修理次数＿＿＿＿
验收意见：良好		验收人（盖章）刘宝兰
移交单位（盖章）广州车床厂 440285233124782 财务专用章		接受单位（盖章）广州市鸿星股份有限公司 440288620882239 财务专用章

⑦

中国工商银行
支票存根
No. 08322167
附加信息＿＿＿＿＿＿＿＿

出票日期：2016 年 12 月 07 日

收款单位（或收款人）	广州车床厂
金　　额	¥20 000.00
用　　途	贴换车床
备　　注：	
签名：李强　2016 年 12 月 07 日	

单位主管：张立　　　会计：陈晓彤

（39）7 日，固定资产报废，结转净值。

固定资产报废单

2016 年 12 月 7 日　　　　单位：元

固定资产名称	规格型号	单位	数量	预计使用年限	原值	已提折旧	净值
钻床	0231	台	1	8	250 000	240 000	10 000
报废原因	使用期满不能继续使用						
处理意见	使用部门		技术鉴定小组		固定资产管理部门		主管部门审批
	不能继续使用		符合报废条件		同意申请报废		同意报废

财务主管：张立　　　车间主任：高龙　　　制表：萧纹

（40）7日，固定资产报废，支付清理费。

①

收　据

2016年12月7日　　　　№ 0361216

今收到 广州市鸿星股份有限公司交来钻床清理费

人民币（大写）⊗叁佰元整　　　　（￥300.00）

收款单位盖章　　广州……公司 440456859632319 发票专用章　　收款人盖章　柳青

第二联 交对方

经手人：张勤

②

现金支出凭单

2016年12月7日　　　　第004号

收款人	张　莹	备注：
用　途	转钻床清理费	
金　额	⊗叁佰元整	￥300.00

财务主管：张立　　审核：林静　　出纳：李莉　　领款人：张莹

（41）7日，固定资产报废，残料入库。

残料入库单

2016年12月7日　　　　第066号

品名	单位	数量	单价	金额	备注
残料				3 300	固定资产报废残料
合计				3 300	

复核：高龙　　保管：张强　　制表：李红

（42）7日，结转报废固定资产净损益。

固定资产报废损益计算表

2016年12月7日　　　　单位：元

名　称	原　价	已提折旧	净　值	清理费	残　料	净损益
钻　床	250 000	240 000	10 000	300	3 300	-7 000
合　计						-7 000

主管：张立　　复核：张杨　　制表：李佳

（43）7 日，盘盈固定资产。

固定资产盘盈报告单

2016 年 12 月 7 日　　　　单位：元

固定资产名称	规格型号	单位	数量	重置价值	估计折旧	净值	原因
电脑	0586	台	1	80 000	20 000	60 000	未入账
处理意见	使用部门	技术鉴定小组	固定资产管理部门	主管部门审批			
				转作企业收入 张立 2016. 12. 7			

财务主管：张立　　　　车间主任：高龙　　　　制表：萧纹

（44）8 日，支付监控室设备修理费。

①

广东增值税专用发票

发　票　联

№　0080228

开票日期：2016 年 12 月 08 日

购货单位	名　　称：广州市鸿星股份有限公司 纳税人识别号：442268620881168 地 址 、电 话：广州市 20881168 开户行和账号：工商银行广州市棠下支行 06653300829033013	密码区	8 +06896671 +9〈06612 加密标本号：01 3 + －948 +89 ∗7 －36/88〈/〈 757/5842 +05/29585131　4400011250 4 ∗/2 － +2〉7 +00053932

货物或应税劳务、服务名称	规格型号	单位	数量	单价	金额	税率	税额
监控室设备维修		台	2	6 830. 00	13 660. 00	17%	2 322. 20
合　计					¥13 660. 00		¥2 322. 20
价税合计（大写）	⊗壹万伍仟玖佰捌拾贰元贰角整				（小写）¥15 982. 20		

销货单位	名　　称：珠江机电公司 纳税人识别号：440456859465231 地 址 、电 话：广州市 32257717 开户行和账号：建设银行广州市乐华支行 02238200236613229	备注	珠江机电公司 440456859465231 发票专用章

收款人：陈卉　　　　复核：陈娟　　　　开票人：范冰冰　　　　销货单位：（章）

第三联 发票联 购货方记账凭证

②

广东增值税专用发票

抵扣联

No 0080228

开票日期：2016 年 12 月 08 日

购货单位	名　　称：广州市鸿星股份有限公司 纳税人识别号：442268620881168 地 址 、电 话：广州市 20881168 开户行和账号：工商银行广州市棠下支行 066533008290330013				密码区	8 +06896671 +9〈06612 加密标本号：01 3 + −948 +89 ∗7 −36/88〈/〈 757/5842 +05/29585131　4400011250 4 ∗/2 − +2〉7 +00053932		
货物或应税劳务、服务名称	规格型号	单位	数量	单价	金　额	税率	税额	
监控室设备维修		台	2	6 830.00	13 660.00	17%	2 322.20	
合　　计					¥13 660.00		¥2 322.20	
价税合计（大写）	⊗壹万伍仟玖佰捌拾贰元贰角整				（小写）¥15 982.20			
销货单位	名　　称：珠江机电公司 纳税人识别号：440456859465231 地 址 、电 话：广州市 32257717 开户行和账号：建设银行广州市乐华支行 02238200236613229				备注	珠江机电公司 440456859465231 发票专用章		

收款人：陈卉　　复核：陈娟　　开票人：范冰冰　　销货单位：（章）

第二联 抵扣联 购货方扣税凭证

③

中国工商银行

支票存根

No. 08322168

附加信息＿＿＿＿＿＿＿＿

出票日期：2016 年 12 月 08 日

收款单位（或收款人）：珠江机电公司

金　　额：¥15 982.20

用　　途：设备维修费

备　　注：

签名：李强 2016 年 12 月 08 日

单位主管：张立　　会计：陈晓彤

（45）8 日，转让专利权。

①

无形资产拨出单

拨入单位：永宁机械厂

拨出单位：广州市鸿星股份有限公司　　2016 年 12 月 8 日　　单位：元

名称	单位	数量	金额	已摊销额	账面净值	评估确认价值	备注
专利技术	项	1	316 000	18 000	298 000	330 000	转让所有权
合计					298 000	330 000	

拨入单位：　　拨出单位：

②

广东增值税专用发票
记账联

№ 0066840

开票日期：2016 年 12 月 08 日

购货单位	名称：永宁机械厂 纳税人识别号：400367283556102 地址、电话：广州市 02032218371 开户行和账号：建设银行广州市新兴支行 05665409934677003	密码区	8 +06896671 +9〈06612 加密标本号：01 3 + −948 +89 * 7 −36/88〈/〈 757/5842 +05/29585131　4400011250 4 */2 − +2〉7 +00053932

货物或应税劳务、服务名称	规格型号	单位	数量	单价	金额	税率	税额
专利		项	1	330 000.00	330 000.00	6%	19 800.00
合计					¥330 000.00		¥19 800.00
价税合计（大写）	⊗叁拾肆万玖仟捌佰元整				（小写）¥349 800.00		

销货单位	名称：广州市鸿星股份有限公司 纳税人识别号：442268620881168 地址、电话：广州市 20881168 开户行和账号：工商银行广州市棠下支行 0653300829033013	备注	

收款人：李杰　　复核：廖文　　开票人：伍秋兰　　销货单位：（章）

第一联 记账联 销货方记账凭证

③

中国工商银行 进 账 单（收账通知） №005662

2016年12月8日

收款人	全称	广州市鸿星股份有限公司	付款人	全称	永宁机械厂
	账号	06653300829033013		账号	05665409934677003
	开户银行	工商银行广州市棠下支行		开户银行	建设银行广州市新兴支行
人民币（大写）	⊗叁拾肆万玖仟捌佰元整		亿千百十万千百十元角分	¥34980000	
票据种类	支票		收款人开户行盖章		
票据张数	壹张　销售专利				
单位主管　会计　复核　记账			2016年12月8日		

（印章：中国工商银行股份有限公司 广州市棠下支行 2016.12.08 收讫）

此联银行给收款人的收款通知

（46）9日，购入专有技术。

①

广东增值税专用发票

发 票 联

No 0096023

开票日期：2016年12月09日

购货单位	名称：广州市鸿星股份有限公司 纳税人识别号：442268620881168 地址、电话：广州市20881168 开户行和账号：工商银行广州市棠下支行 06653300829033013			密码区	8+06896671+9〈06612 加密标本号：01 3+-948+89*7-36/88〈/〈 757/5842+05/29585131 4400011250 4*/2-+2〉7+00053932		
货物或应税劳务、服务名称	规格型号	单位	数量	单价	金额	税率	税额
专有技术		项	1	180 000.00	180 000.00	6%	10 800.00
合计					¥180 000.00		¥10 800.00
价税合计（大写）	⊗壹拾玖万零捌佰元整				（小写）¥190 800.00		
销货单位	名称：科隆技术开发公司 纳税人识别号：344006689133922 地址、电话：广州市82656320 开户行和账号：工商银行广州市天河北支行 06122900936608113			备注	（印章：科隆技术开发公司 344006689133922 发票专用章）		

收款人：陆龄　复核：陈惠　开票人：罗小辉　销货单位：（章）

第三联 发票联 购货方记账凭证

②

广东增值税专用发票

抵 扣 联

№ 0096023

开票日期：2016 年 12 月 09 日

购货单位	名　　称：广州市鸿星股份有限公司 纳税人识别号：442268620881168 地 址 、电 话：广州市 20881168 开户行和账号：工商银行广州市棠下支行 06653300829033013	密码区	8 +06896671 +9〈06612 加密标本号：01 3 + −948 +89 ∗7 −36/88〈/〈 757/5842 +05/29585131　4400011250 4 ∗/2 − +2〉7 +00053932

货物或应税劳务、服务名称	规格型号	单位	数量	单价	金　额	税率	税额
专有技术		项	1	180 000.00	180 000.00	6%	10 800.00
合　计					¥180 000.00		¥10 800.00
价税合计（大写）	⊗壹拾玖万零捌佰元整					（小写）	¥190 800.00

销货单位	名　　称：科隆技术开发公司 纳税人识别号：344006689133922 地 址 、电 话：广州市 82656320 开户行和账号：工商银行广州市天河北支行 06122900936608113	备注	科隆技术开发公司 344006689133922 发票专用章

第二联　抵扣联　购货方扣税凭证

收款人：陆龄　　复核：陈惠　　开票人：罗小辉　　销货单位：（章）

③

中国工商银行

支票存根

No. 08322169

附加信息______________

出票日期：2016 年 12 月 09 日

收款单位（或收款人）	科隆技术开发公司
金　　额	¥190 800.00
用　　途	购买专用技术
备　　注：	
签名：李强　2016 年 12 月 09 日	

单位主管：张立　　会计：陈晓彤

（47）9 日，付款向燕山钢铁有限公司购买钢板，材料未到。（汇兑结算方式）

①

上海增值税专用发票

发　票　联

No　0089956

开票日期：2016 年 12 月 09 日

购货单位	名　　　　称：广州市鸿星股份有限公司 纳税人识别号：442268620881168 地 址 、电 话：广州市 20881168 开户行和账号：工商银行广州市棠下支行 06653300829033013	密码区	8 +06896671 +9〈06612 加密标本号：01 3 + −948 +89 ∗7 −36/88〈/〈 757/5842 +05/29585131　4400011250 4 ∗/2 − +2〉7 +00053932

货物或应税劳务、服务名称	规格型号	单位	数量	单价	金　额	税率	税额
钢板		吨	1 000	2 920. 00	2 920 000. 00	17%	496 400. 00
合　　计					￥2 920 000. 00		￥496 400. 00
价税合计（大写）	⊗叁佰肆拾壹万陆仟肆佰元整				（小写）￥3 416 400. 00		

销货单位	名　　　　称：燕山钢铁有限公司 纳税人识别号：420056678810836 地 址 、电 话：上海市 02182630218 开户行和账号：工商银行上海市虹桥支行 02332500668002331	备注	燕山钢铁有限公司 420056678810836 发票专用章

收款人：王飞航　　复核：肖文　　开票人：王云　　销货单位：（章）

第三联　发票联　购货方记账凭证

②

上海增值税专用发票

抵　扣　联

No　0089956

开票日期：2016 年 12 月 09 日

购货单位	名　　　　称：广州市鸿星股份有限公司 纳税人识别号：442268620881168 地 址 、电 话：广州市 20881168 开户行和账号：工商银行广州市棠下支行 06653300829033013	密码区	8 +06896671 +9〈06612 加密标本号：01 3 + −948 +89 ∗7 −36/88〈/〈 757/5842 +05/29585131　4400011250 4 ∗/2 − +2〉7 +00053932

货物或应税劳务、服务名称	规格型号	单位	数量	单价	金　额	税率	税额
钢板		吨	1 000	2 920. 00	2 920 000. 00	17%	496 400. 00
合　　计					￥2 920 000. 00		￥496 400. 00
价税合计（大写）	⊗叁佰肆拾壹万陆仟肆佰元整				（小写）￥3 416 400. 00		

销货单位	名　　　　称：燕山钢铁有限公司 纳税人识别号：420056678810836 地 址 、电 话：上海市 02182630218 开户行和账号：工商银行上海市虹桥支行 02332500668002331	备注	燕山钢铁有限公司 420056678810836 发票专用章

收款人：王飞航　　复核：肖文　　开票人：王云　　销货单位：（章）

第二联　抵扣联　购货方扣税凭证

③

中国工商银行 电汇凭证（回单）

委托日期 2016 年 12 月 9 日

收款人	全称	燕山钢铁有限公司			汇款人	全称	广州市鸿星股份有限公司										
	账号或地址	02332500668002331				账号或地址	06653300829033013										
	汇入地址	上海市 省	汇入行名称	虹桥支行		汇出地址	广东省广州市	汇出行名称	棠下支行								
金额	人民币（大写）	叁佰肆拾壹万陆仟肆佰元整					亿	千	百	十	万	千	百	十	元	角	分
								¥	3	4	1	6	4	0	0	0	0
汇款用途：支付购买材料价、税款							中国工商银行股份有限公司 广州市棠下支行 2016.12.09 讫 汇出行盖章 2016 年 12 月 9 日										
上列款项已根据委托办理，如需查询，请持此回单来行面洽。																	
单位主管 会计 出纳 记账																	

此联汇出行给汇款人的回单

（48）9 日，支付新产品研发调查费。（汇兑结算方式）

①

中国工商银行 电汇凭证（回单）

委托日期 2016 年 12 月 9 日

收款人	全称	大金技术研发中心			汇款人	全称	广州市鸿星股份有限公司										
	账号或地址	04332101325880096				账号或地址	06653300829033013										
	汇入地址	浙江省杭州市	汇入行名称	西湖支行		汇出地址	广东省广州市	汇出行名称	棠下支行								
金额	人民币（大写）	贰拾万元整					亿	千	百	十	万	千	百	十	元	角	分
									¥	2	0	0	0	0	0	0	0
汇款用途：研发费							中国工商银行股份有限公司 广州市棠下支行 2016.12.09 讫 汇出行盖章 2016 年 12 月 9 日										
上列款项已根据委托办理，如需查询，请持此回单来行面洽。																	
单位主管 会计 出纳 记账																	

此联汇出行给汇款人的回单

②

浙江增值税普通发票

发 票 联

No 0092204

开票日期：2016 年 12 月 09 日

购货单位	名称：广州市鸿星股份有限公司 纳税人识别号：442268620881168 地址、电话：广州市 20881168 开户行和账号：工商银行广州市棠下支行 06653300829033013				密码区	8 +06896671 +9〈06612 加密标本号：01 3 + −948 +89 * 7 −36/88〈/〈 757/5842 +05/29585131 4400011250 4 * /2 − +2〉7 +00053932		
货物或应税劳务、服务名称	规格型号	单位	数量	单价	金额	税率	税额	
技术研发费		项	1	188 679.25	188 679.25	6%	11 320.75	
合计					¥188 679.25		¥11 320.75	
价税合计（大写）	⊗贰拾万元整				（小写）¥200 000.00			
销货单位	名称：大金技术研发中心 纳税人识别号：544016689130278 地址、电话：杭州市 05782117802 开户行和账号：工商银行杭州市西湖支行 04332101325880096				备注	大金技术研发中心 544016689130278 发票专用章		

收款人：田军 复核：陈东 开票人：张广林 销货单位：（章）

第二联 发票联 购货方记账凭证

（49）9 日，赊购固定资产。

①

广东增值税专用发票

发 票 联

No 00940372

开票日期：2016 年 12 月 09 日

购货单位	名称：广州市鸿星股份有限公司 纳税人识别号：442268620881168 地址、电话：广州市 20881168 开户行和账号：工商银行广州市棠下支行 06653300829033013				密码区	8 +06896671 +9〈06612 加密标本号：01 3 + −948 +89 * 7 −36/88〈/〈 757/5842 +05/29585131 4400011250 4 * /2 − +2〉7 +00053932		
货物或应税劳务、服务名称	规格型号	单位	数量	单价	金额	税率	税额	
本田轿车		辆	2	228 000.00	456 000.00	17%	77 520.00	
合计					¥456 000.00		¥77 520.00	
价税合计（大写）	⊗伍拾叁万叁仟伍佰贰拾元整				（小写）¥533 520.00			
销货单位	名称：广州汽车公司 纳税人识别号：344006689132326 地址、电话：广州市 82656339 开户行和账号：工商银行广州市天河北支行 06122900936608102				备注	广州汽车公司 344006689132326 发票专用章		

收款人：周涛 复核：邓玉珍 开票人：罗文 销货单位：（章）

第三联 发票联 购货方记账凭证

②

广东增值税专用发票

抵　扣　联

№　00940372

开票日期：2016 年 12 月 09 日

购货单位	名　　称：广州市鸿星股份有限公司 纳税人识别号：442268620881168 地 址 、电 话：广州市 20881168 开户行和账号：工商银行广州市棠下支行 06653300829033013				密码区	8 +06896671 +9〈06612 加密标本号：01 3 + -948 +89 *7 -36/88〈/〈 757/5842 +05/29585131　4400011250 4 */2 - +2〉7 +00053932	
货物或应税劳务、服务名称	规格型号	单位	数量	单价	金　额	税率	税额
本田轿车		辆	2	228 000.00	456 000.00	17%	77 520.00
合　　计					¥456 000.00		¥77 520.00
价税合计（大写）	⊗伍拾叁万叁仟伍佰贰拾元整				（小写）¥533 520.00		
销货单位	名　　称：广州汽车公司 纳税人识别号：344006689132326 地 址 、电 话：广州市 82656339 开户行和账号：工商银行广州市天河北支行 06122900936608102				备注		

收款人：周涛　　复核：邓玉珍　　开票人：罗文　　销货单位：（章）

第二联 抵扣联 购货方扣税凭证

③

固定资产验收交接单

2016 年 12 月 9 日　　　　单位：元

固定资产名　称	规格型号	单位	数量	单　价	金　额	购买日期	验收日期	备　注
本田轿车	3 000	辆	2	228 000	456 000	2016.12.9	2016.12.9	尚未付款

验收会签	管理部门	财务部门	使用部门	会签日期
	交行政部门使用 黄翔	验收入账 张立	同意接收 林晓东	2016.12.9

（50）9 日，10 月 9 日承兑的两个月期、不带息商业承兑汇票到期，支付票款。

商业承兑汇票（付款通知）

汇票号码

签发日期：贰零壹陆年零壹拾月零玖日　　№ 005937

收款人	全　称	福建宁德钢铁公司	付款人	全　称	广州市鸿星股份有限公司
	账　号	02663300743489982		账　号	06653300829033013
	开户银行	工商银行福州市东方支行		开户银行	工商银行广州市棠下支行

汇票金额	人民币（大写）	千	百	十	万	千	百	十	元	角	分
	贰佰叁拾肆万元整	¥	2	3	4	0	0	0	0	0	0

汇票到期日	2016 年 12 月 9 日	承兑协议编号	003279	交易合同号码	00538

备注：两个月期不带息商业汇票现到期，款项已存入银行，由银行划拨。

（印章：中国工商银行股份有限公司 广州市棠下支行 2016.12.09 付讫）

本汇票经本单位承兑，到期日无条件支付票款。

此致

承兑人盖章：

（印章：广州市鸿星股份有限公司 4422686208822239 财务专用章）

2016 年 10 月 9 日

此联是交付款人的付款通知款通知

（51）9 日，向南宁物资公司销售产品，预收南宁物资公司账款，未发货。

①

中国工商银行　进账单（收账通知）

№ 005668

2016 年 12 月 09 日

收款人	全　称	广州市鸿星股份有限公司	付款人	全　称	南宁物资公司
	账　号	06653300829033013		账　号	05563200882933264
	开户银行	工商银行广州市棠下支行		开户银行	工商银行南宁市桂城支行

人民币（大写）		亿	千	百	十	万	千	百	十	元	角	分
	⊗壹佰万元整		¥	1	0	0	0	0	0	0	0	0

票据种类	转账
票据张数	壹张　预收空调订金

单位主管　　会计　　出纳　　记账

收款人开户行盖章

（印章：中国工商银行股份有限公司 广州市棠下支行 2016.12.09 收讫）

2016 年 12 月 09 日

此联银行给收款人的收款通知

②

收　据

2016 年 12 月 10 日　　　　　　№ 0589127

今收到 南宁物资公司交来购买空调订金

人民币（大写）⊗壹佰万元整　　（￥1 000 000.00）

广州市鸿星股份有限公司 422686208822 39 财务专用章

单位盖章　　　　　　经手人盖章　李屏

第一联 存根

经手人：张文

（52）10 日，收妥 2 日托收的佛山国美公司款。（享受现金折扣，总价法）

委邮　　**委托收款凭证**（收账通知）　　№ 002346

委托日期：2016 年 12 月 2 日

收款人	全　称	广州市鸿星股份有限公司	付款人	全　称	佛山国美公司									
	账　号	06653300829033013		账　号	07651100125178026									
	开户银行	工商银行广州市棠下支行		开户银行	工商银行佛山市祖庙支行									
委托金额		人民币（大写）肆佰伍拾捌万柒仟贰佰叁拾元整			千	百	十	万	千	百	十	元	角	分
					￥	4	5	8	7	2	3	0	0	0
款项内容		货税款、代垫运费	凭据名称	发票、运单	附寄单证张数					贰张				
备注： 付款条件：2／10、N／30 （按不含税收入计算折扣） 折扣金额：______ 实收金额：______			款项收妥日期 2012 年 12 月 10 日 收款人银行盖章 中国工商银行股份有限公司 广州市棠下支行 2016.12.10 收讫 2016 年 12 月 10 日											

此联银行给收款人的收款通知

（53）10 日，3 日预付湖南力强钢板公司货款的钢板今到货，反映钢板购进。

①

湖南增值税专用发票
发 票 联

No 0072068

开票日期：2016 年 12 月 09 日

购货单位	名　　称：广州市鸿星股份有限公司 纳税人识别号：442268620881168 地 址 、电 话：广州市 20881168 开户行和账号：工商银行广州市棠下支行 06653300829033013				密码区	8 +06896671 +9〈06612 加密标本号：01 3 + −948 +89 ∗7 −36/88〈/〈 757/5842 +05/29585131 4400011250 4 ∗/2 − +2〉7 +00053932	
货物或应税劳务、服务名称	规格型号	单位	数量	单价	金　额	税率	税额
钢板		吨	102.4	2 500.00	256 000.00	17%	43 520.00
合　　计					¥256 000.00		¥43 520.00
价税合计（大写）	⊗贰拾玖万玖仟伍佰贰拾元整					（小写）	¥299 520.00
销货单位	名　　称：湖南力强钢板公司 纳税人识别号：442016639018416 地 址 、电 话：长沙市 073182630218 开户行和账号：工商银行长沙市岳山支行 0865320062240829				备注	湖南力强钢板公司 已预付订金 10 万 442016639018416 发票专用章	

收款人：余晖　　复核：刘东　　开票人：洪森　　销货单位：（章）

第三联 发票联 购货方记账凭证

②

湖南增值税专用发票
抵 扣 联

No 0072068

开票日期：2016 年 12 月 09 日

购货单位	名　　称：广州市鸿星股份有限公司 纳税人识别号：442268620881168 地 址 、电 话：广州市 20881168 开户行和账号：工商银行广州市棠下支行 06653300829033013				密码区	8 +06896671 +9〈06612 加密标本号：01 3 + −948 +89 ∗7 −36/88〈/〈 757/5842 +05/29585131 4400011250 4 ∗/2 − +2〉7 +00053932	
货物或应税劳务、服务名称	规格型号	单位	数量	单价	金　额	税率	税额
钢板		吨	102.4	2 500.00	256 000.00	17%	43 520.00
合　　计					¥256 000.00		¥43 520.00
价税合计（大写）	⊗贰拾玖万玖仟伍佰贰拾元整					（小写）	¥299 520.00
销货单位	名　　称：湖南力强钢板公司 纳税人识别号：442016639018416 地 址 、电 话：长沙市 073182630218 开户行和账号：工商银行长沙市岳山支行 0865320062240829				备注	湖南力强钢板公司 已预付订金 10 万 442016639018416 发票专用章	

收款人：余晖　　复核：刘东　　开票人：洪森　　销货单位：（章）

第二联 抵扣联 购货方扣税凭证

（54）10 日，上述钢板验收入库，并结转入库钢板成本差异。

①

材料入库验收单

验收日期：2016 年 12 月 10 日　　　　编号：S107

品名	单位	数量		计划成本		实际成本				成本差异
		应收数	实收数	单价	总价	单价	总价	运杂费	合计	
钢板	吨	102. 4	102. 4	2 800	286 720	2 500	256 000	—	256 000	－30 720
合计			102. 4		286 720		256 000	—	256 000	－30 720

主管：杨哲峰　　记账：　　验收保管：叶小伟　　采购：杜飞

（55）10 日，补付上述钢板材料价款。

中国工商银行　电汇凭证（回单）

委托日期 2016 年 12 月 10 日

收款人	全称	湖南力强钢板公司		汇款人	全称	广州市鸿星股份有限公司	
	账号或地址	08653200622420829			账号或地址	06653300829033013	
	汇入地址	湖南省长沙市	汇入行名称：岳山支行		汇出地址	广东省广州市	汇出行名称：棠下支行
金额	人民币（大写）壹拾玖万玖仟伍佰贰拾元整			亿 千 百 十 万 千 百 十 元 角 分	¥ 1 9 9 5 2 0 0 0		
汇款用途：补付货款，已预付订金 100 000 元。				中国工商银行股份有限公司 广州市棠下支行 2016.12.10 付讫 汇出行盖章			
上列款项已根据委托办理，如需查询，请持此回单来行面洽							
单位主管　会计　出纳　记账				2016 年 12 月 10 日			

此联汇出行给汇款人的回单

（56）10 日，交纳各种税金及教育费附加。

①

中华人民共和国

增值税税收缴款书 国

收入机关：广州市税务局　　填发日期：2016 年 12 月 10 日　　国字第 0274569 号

<table>
<tr><td rowspan="4">缴款人</td><td>代　　码</td><td>442268620881168</td><td rowspan="3">预算科目</td><td>全　　称</td><td colspan="2">佛山国美公司</td></tr>
<tr><td>全　　称</td><td>广州市鸿星股份有限公司</td><td>账　　号</td><td colspan="2">07651100125178026</td></tr>
<tr><td>开户银行</td><td>工商银行广州市棠下支行</td><td>开户银行</td><td colspan="2">工商银行佛山市祖庙支行</td></tr>
<tr><td>账　　号</td><td>06653300829033013</td><td colspan="2">收款国库</td><td colspan="2"></td></tr>
<tr><td colspan="2">税款所属期间</td><td>2012 年 11 月份</td><td colspan="2">税款限缴日期</td><td colspan="2">2016 年 12 月 10 日</td></tr>
</table>

品目名称	计税金额	征收率	销项税额	进项税额	已缴税额	实缴税额
销售产品	18 665 980. 00	17%	3 173 216. 60	597 142. 60		2 576 074. 00
金额合计	人民币（大写）贰佰伍拾柒万陆仟零柒拾肆元整					¥2 576 074. 00

<table>
<tr><td>缴款人（盖章）：
经办人（章）：黄果
2016 年 12 月 10 日</td><td>税务机关（盖章）：
填票人（章）：叶冬来
2016 年 12 月 10 日</td></tr>
</table>

备注：逾期缴税按每天千分之二加收滞纳金

第五联　收据联交缴款人

②

中华人民共和国

城市维护建设税缴款书

地

收入机关：广州市税务局　　填发日期：2016 年 12 月 10 日　　粤字第 0236856 号

缴款人	代　码	442268620881168	预算科目	全　称	
	全　称	广州市鸿星股份有限公司		账　号	
	开户银行	工商银行广州市棠下支行		开户银行	
	账　号	06653300829033013	收款国库		
税款所属期间		2012 年 11 月份	税款限缴日期	2016 年 12 月 10 日	
品目名称		计税金额或销售额	征收率	已缴税额	实缴税额
增值税		2 576 074. 00	7%		180 325. 18
金额合计		人民币（大写）壹拾捌万零叁佰贰拾伍元壹角捌分　¥180 325. 18			
缴款人（盖章）： 经办人（章）：黄果 2016 年 12 月 10 日			税务机关（盖章）： 填票人（章）：叶冬来 2016 年 12 月 10 日		

第五联　收据联交缴款人

备注：逾期缴税按每天千分之二加收滞纳金

广州市鸿星股份有限公司 422686208822389 财务专用章

广州市税务局 业务专用章

③

中华人民共和国

教育费附加缴款书

地

收入机关：广州市税务局　　填发日期：2016 年 12 月 10 日　　粤字第 0236869 号

缴款人	代码	442268620881168	预算科目	全称	
	全称	广州市鸿星股份有限公司		账号	
	开户银行	工商银行广州市棠下支行		开户银行	
	账号	06653300829033013	收款国库		
税款所属期间		2012 年 11 月份	税款限缴日期	2016 年 12 月 10 日	
品目名称		计税金额或销售额	征收率	已缴税额	实缴税额
增值税		2 576 074. 00	3%		77 282. 22
金额合计		人民币（大写）柒万柒仟贰佰捌拾贰元贰角贰分			¥77 282. 22
缴款人（盖章）： 经办人（章）：黄果 2016 年 12 月 10 日			税务机关（盖章）： 填票人（章）：叶冬来 2016 年 12 月 10 日		

第五联 收据联交缴款人

备注：逾期缴税按每天千分之二加收滞纳金

④

中华人民共和国

企业所得税税收缴款书

地

收入机关：广州市税务局　　填发日期：2016 年 12 月 10 日　　粤字第 0236883 号

缴款人	代码	442268620881168	预算科目	全称	
	全称	广州市鸿星股份有限公司		账号	
	开户银行	工商银行广州市棠下支行		开户银行	
	账号	06653300829033013	收款国库		
税款所属期间		2012 年 11 月份	税款限缴日期	2016 年 12 月 10 日	
品目名称		计税金额或销售额	征收率	已缴税额	实缴税额
销售产品所得		3 694 656.00	25%		923 664.00
金额合计		人民币（大写）玖拾贰万叁仟陆佰陆拾肆元整			￥923 664.00
缴款人（盖章）： 经办人（章）：黄果 2016 年 12 月 10 日			税务机关（盖章）： 填票人（章）：叶冬来 2016 年 12 月 10 日		

第五联　收据联交缴款人

备注：逾期缴税按每天千分之二加收滞纳金

(印章：广州市鸿星股份有限公司 442268620882239 财务专用章)
(印章：广州市税务局 业务专用章)

⑤

中华人民共和国

地

个人所得税税收缴款书

收入机关：广州市税务局　　填发日期：2016 年 12 月 10 日　　粤税字第 0236920 号

缴款人	代　码	442268620881168	预算科目	全　称	
	全　称	广州市鸿星股份有限公司		账　号	
	开户银行	工商银行广州市棠下支行		开户银行	
	账　号	06653300829033013	收款国库		
税款所属期间		2012 年 11 月份	税款限缴日期		2016 年 12 月 10 日

品目名称	计税金额或销售额	征收率	已缴税额	实缴税额
工资薪金	120 000. 00	10%		12 000. 00
	200 000. 00	3%		6 000. 00
金额合计	人民币（大写）壹万捌仟元整			￥18 000. 00

缴款人（盖章）： 经办人（章）：黄果 2016 年 12 月 10 日	税务机关（盖章）： 填票人（章）：叶冬来 2016 年 12 月 10 日

备注：逾期缴税按每天千分之二加收滞纳金

第五联　收据联交缴款人

⑥

中国工商银行
支票存根
No. 08322170

附加信息________________

出票日期：2016 年 12 月 10 日

收款单位（或收款人）：广州市税务局
金　　额：￥3 775 345. 40
用　　途：支付各种税金
备　　注：

签名：黄果　2016 年 12 月 10 日

单位主管：张立　　会计：陈晓彤

（57）10 日，收回联营投资。

①

收　据

2016 年 12 月 10 日　　　　№ 0589128

今收到　广信公司交来联营期满退还投资款

人民币（大写）　⊗贰拾万元整　　　　（￥200 000.00）

收款单位公章：（广州市鸿星股份有限公司 42268620882239 财务专用章）　　　　经手人盖章　李铃

第一联 存根

经手人：黄依

②

中国工商银行　进账单（收账通知）

№ 005684

2016 年 12 月 10 日

<table>
<tr><td rowspan="3">收款人</td><td>全　称</td><td>广州市鸿星股份有限公司</td><td rowspan="3">付款人</td><td>全　称</td><td colspan="11">广信公司</td></tr>
<tr><td>账　号</td><td>06653300829033013</td><td>账　号</td><td colspan="11">06562800680021156</td></tr>
<tr><td>开户银行</td><td>工商银行广州市棠下支行</td><td>开户银行</td><td colspan="11">建设银行广州市龙口支行</td></tr>
<tr><td colspan="2" rowspan="2">人民币（大写）</td><td colspan="3" rowspan="2">⊗贰拾万元整</td><td>亿</td><td>千</td><td>百</td><td>十</td><td>万</td><td>千</td><td>百</td><td>十</td><td>元</td><td>角</td><td>分</td></tr>
<tr><td></td><td></td><td>￥</td><td>2</td><td>0</td><td>0</td><td>0</td><td>0</td><td>0</td><td>0</td><td>0</td></tr>
<tr><td colspan="2">票据种类</td><td colspan="3">支票</td><td colspan="11" rowspan="3">（中国工商银行股份有限公司 广州市棠下支行 2016.12.10 收讫）
收款人银行盖章：
2016 年 12 月 10 日</td></tr>
<tr><td colspan="2">票据张数</td><td colspan="3">壹张　　收回投资</td></tr>
<tr><td colspan="5">单位主管　　会计　　出纳　　记账</td></tr>
</table>

此联银行给收款人的收款通知

（58）11 日，向番禺燃料厂赊购材料。（购货现金折扣，总价法）

①

广东增值税专用发票
发　票　联

№　0088537

开票日期：2016 年 12 月 11 日

购货单位	名　　称：广州市鸿星股份有限公司 纳税人识别号：442268620881168 地 址 、电 话：广州市 20881168 开户行和账号：工商银行广州市棠下支行 06653300829033013			密码区	8 +06896671 +9〈06612 加密标本号：01 3 + −948 +89 ∗7 −36/88〈/〈 757/5842 +05/29585131　4400011250 4 ∗/2 − +2〉7 +00053932		
货物或应税劳务、服务名称	规格型号	单位	数量	单价	金　额	税率	税额
燃料		吨	100	1 760.00	176 000.00	17%	29 920.00
合　　计					¥176 000.00		¥29 920.00
价税合计（大写）	⊗贰拾万零伍仟玖佰贰拾元整　　（小写）¥205 920.00						
销货单位	名　　称：番禺燃料厂 纳税人识别号：442232001681245 地 址 、电 话：广州市 36602179 开户行和账号：工商银行广州市江边支行 06653300830278861			备注	付款条件：2/10、N/20 （番禺燃料厂 442232001681245 发票专用章）		

收款人：黄小武　　复核：李玲　　开票人：高乐　　销货单位：（章）

第三联　发票联　购货方记账凭证

②

广东增值税专用发票
抵　扣　联

№　0088537

开票日期：2016 年 12 月 11 日

购货单位	名　　称：广州市鸿星股份有限公司 纳税人识别号：442268620881168 地 址 、电 话：广州市 20881168 开户行和账号：工商银行广州市棠下支行 06653300829033013			密码区	8 +06896671 +9〈06612 加密标本号：01 3 + −948 +89 ∗7 −36/88〈/〈 757/5842 +05/29585131　4400011250 4 ∗/2 − +2〉7 +00053932		
货物或应税劳务、服务名称	规格型号	单位	数量	单价	金　额	税率	税额
燃料		吨	100	1 760.00	176 000.00	17%	29 920.00
合　　计					¥176 000.00		¥29 920.00
价税合计（大写）	⊗贰拾万零伍仟玖佰贰拾元整　　（小写）¥205 920.00						
销货单位	名　　称：番禺燃料厂 纳税人识别号：442232001681245 地 址 、电 话：广州市 36602179 开户行和账号：工商银行广州市江边支行 06653300830278861			备注	付款条件：2/10、N/20 （番禺燃料厂 442232001681245 发票专用章）		

收款人：黄小武　　复核：李玲　　开票人：高乐　　销货单位：（章）

第二联　抵扣联　购货方扣税凭证

（59）11 日，上述燃料入库，并结转燃料成本差异。

①

材料入库验收单

验收日期：2016 年 12 月 11 日　　　　　　编号：S108

品 名	单位	数量		计划成本		实际成本				成本差异
		应收数	实收数	单价	总价	单价	总价	运杂费	合计	
燃料	吨	100	100	1 800	180 000	1760	176 000	—	176 000	-4 000
合 计			100		180 000		176 000	—	176 000	-4 000

主管：杨哲峰　　记账：　　验收保管：叶小伟　　采购：杜飞

（60）11 日，提现备用。

中国工商银行
支票存根
No. 08322171

附加信息________________

出票日期：2016 年 12 月 11 日

收款单位（或收款人）：广州市鸿星股份有限公司
金额：¥10 000. 00
用途：提现备用
备注：

签名：王丽 2016 年 12 月 11 日

单位主管：张立　　会计：陈晓彤

（61）11 日，用银行存款发放工资。

应付职工薪酬结算汇总表

2016 年 12 月 11 日　　单位：元

部门	应发工资				代扣款项						实发工资
	岗位工资	奖金	津贴	合计	医疗保险 2%	养老保险 8%	失业保险 0.5%	住房公积金 6%	个人所得税	合计	
基本生产车间											
挂壁式空调	489 700	119 200	90 900	699 800	13 996	55 984	3 499	41 988	6 720	122 187	577 613
立柜式空调	326 500	79 400	60 600	466 500	9 330	37 320	2 332.5	27 990	4 486	81 458.5	385 041.5
小　计	816 200	198 600	151 500	1 166 300	23 326	93 304	5 831.5	69 978	11 206	203 645.5	962 654.5
辅助生产车间	108 700	26 400	20 300	155 400	3 108	12 432	777	9 324	1 445	27 086	128 314
车间管理部门	84 420	20 500	15 680	120 600	2 412	9 648	603	7 236	1 084	20 983	99 617
企业管理部门	280 800	68 160	52 240	401 200	8 024	32 096	2 006	24 072	3 470.4	69 668.4	331 531.6
销售部门	70 200	17 040	13 060	100 300	2 006	8 024	501.5	6 018	867.6	17 417.1	82 882.9
合　计	1 360 320	330 700	252 780	1 943 800	38 876	155 504	9 719	116 628	18 073	338 800	1 605 000

主管：张立　　复核：张扬　　制表：李佳

②

中国工商银行
支票存根
No. 08322171

附加信息______________

出票日期：2016 年 12 月 11 日

收款单位（或收款人）	广州市鸿星股份有限公司
金　额	￥1 605 000.00
用　途	发放工资
备　注：	
签名：王丽 2016 年 12 月 11 日	

单位主管：张立　　会计：陈晓彤

（62）11 日，基本生产车间领用材料，辅助生产车间领用材料。

①

领 料 单

领用单位：基本生产车间　　2016 年 12 月 11 日　　编号：L204

材料类别	用 途	单位	数 量		金 额	
			请 领	实 发	单 价	金 额
铝材	生产挂壁式空调	吨	90	90		
铝材	生产立柜式空调	吨	80	80		
钢板	生产挂壁式空调	吨	300	300		
钢板	生产立柜式空调	吨	200	200		
塑料	生产挂壁式空调	吨	18	18		
塑料	生产立柜式空调	吨	12	12		
合 计						

记账：　　复核：　　领料人：黄涛　　发料人：陈萍

②

领 料 单

领用单位：辅助生产车间　　2016 年 12 月 11 日　　编号：L205

材料类别	用 途	单位	数 量		金 额	
			请 领	实 发	单 价	金 额
燃料	一般耗用	吨	50	50		
合 计						

记账：　　复核：　　领料人：张洋　　发料人：陈萍

（63）12 日，退还包装物押金。（期初余额）

①

收　据

2016 年 12 月 12 日　　№ 0265423

今收到 广州市鸿星股份有限公司交来退还包装物押金款

人民币（大写） ⊗伍万元整　　（￥50 000.00）

收款单位公章：　　经手人盖章　李铃

（印章：……有限公司 44010056223568 财务专用章）

第二联 交对方

经手人：贺文

②

中国工商银行
支票存根
No. 08322173

附加信息________________

出票日期：2016 年 12 月 12 日

收款单位（或收款人）	广运有限公司
金额	¥50 000.00
用途	退还押金
备注：	
签名：贺文 2016 年 12 月 12 日	

单位主管：张立　　会计：陈晓彤

（64）12 日，原其他应付款因债权企业撤销，转作企业收入。

其他应收应付款项清查处理表

2016 年 12 月 12 日　　　　单位：元

项目		单位	金额	原因	处理意见
应收	应付				
	货款	东升机械厂	55 200.50	企业撤销	转作企业收入

主管：张立　　复核：张扬　　制表：李佳

（65）13 日，借入长期借款。

建设银行贷款凭单（收账通知）

№ 003892

2016 年 12 月 13 日

收款人	全称	广州市鸿星股份有限公司	付款人	全称	建设银行
	账号	06653300829033013		账号	06233800366233119
	开户银行	工商银行广州市棠下支行		开户银行	建设银行广州市海珠支行

人民币（大写）	亿	千	百	十	万	千	百	十	元	角	分
⊗贰佰万元整		¥	2	0	0	0	0	0	0	0	0

借款用途	设备技术改造			贷款指标	2 000 000.00 元
偿还期限	两年	到期日	2018. 12. 13		

备注：

上列借款已转入你单位结算户。借款到期日由我行按期自你账户划转清偿。

此致

敬礼

中国建设银行股份有限公司 海珠支行 2016.12.13 业务办理章

收款人开户行盖章：

2016 年 12 月 13 日

此联银行给收款人的收款通知

(66) 13 日，溢价发行债券。期限三年，票面利率5.8%，到期一次还本付息。

①

有价证券交易凭证

发行单位：广州市鸿星股份有限公司　　2016 年 12 月 13 日

证券名称	单位	数量	面额		发行金额		手续费	结算合计
			单价	总价	单价	总价		
公司债券	份	1 000	5 000	5 000 000	5 104.67	5 104 670		5 104 670
人民币(大写)	⊗伍佰壹拾万零肆仟陆佰柒拾元整							¥5 104 670.00
备注	期限三年，票面利率5.8%，到期一次还本付息。							

第一联 发票联

代理商盖章：　　复核：孙阳　　经办：陈伟华

（印章：证券交易所 4401005623…95 发票专用章）

②

贷记凭证（收账通知）

№ 005661

签发日期：贰零壹陆年壹拾贰月壹拾叁日

付款人	全称	永安证券所
	账号	02251113301234408
	开户银行	工商银行天河支行
人民币（大写）伍佰壹拾万零肆千陆佰柒拾元整		¥5 104 670.00
收款人	全称	广州市鸿星股份有限公司
	账号	06653300829033013
	开户银行	工商银行棠下支行
用途：债券发行款 收款人开户银行（盖章）		

此联作收款人的收账通知

（印章：中国工商银行股份有限公司 广州市棠下支行 2016.12.13 办讫）

（67）13 日，支付发行费用。

①

有价证券交易凭证

客户： 2016 年 12 月 13 日 发行单位：广州市鸿星股份有限公司

证券名称	单位	数量	面额		发行金额		手续费	结算合计
			单价	总价	单价	总价		
公司债券	份	1 000	5 000	5 000 000			15 000	
人民币（大写）	⊗壹万伍千元整						¥15 000.00	
备注								

第一联 发票联

代理商盖章： 复核：孙阳 经办：陈伟华

永安证券交易所 440100562368852 发票专用章

②

中国工商银行
支票存根
No. 08322174

附加信息________________

出票日期：2016 年 12 月 13 日

收款单位（或收款人）：永安证券所
金额：¥15 000.00
用途：债券发行费用
备注：

签名：陈伟华 2016 年 12 月 13 日

单位主管：张立 会计：陈晓彤

（68）13 日，基本生产车间领用材料，辅助生产车间领用材料。

①

领 料 单

领用单位：基本生产车间　　2016 年 12 月 13 日　　编号：L206

材料类别	用 途	单位	数 量		金 额	
			请 领	实 发	单 价	金 额
铝材	生产挂壁式空调	吨	60	60		
铝材	生产立柜式空调	吨	45	45		
钢板	生产挂壁式空调	吨	200	200		
钢板	生产立柜式空调	吨	72	72		
塑料	生产挂壁式空调	吨	100	100		
塑料	生产立柜式空调	吨	80	80		
合 计						

记账：　　复核：　　领料人：黄涛　　发料人：陈萍

②

领 料 单

领用单位：辅助生产车间　　2016 年 12 月 13 日　　编号：L207

材料类别	用 途	单位	数 量		金 额	
			请 领	实 发	单 价	金 额
燃料	一般耗用	吨	50	50		
合 计						

记账：　　复核：　　领料人：王天　　发料人：陈萍

（69）14 日，支付律师费。

①

广东增值税专用发票

发 票 联

（全国统一发票监制章 国家税务总局监制）

№ 2568907

开票日期：2016 年 12 月 14 日

购货单位	名　　称：广州市鸿星股份有限公司 纳税人识别号：442268620881168 地 址 、电 话：广州市 20881168 开户行和账号：工商银行广州市棠下支行 06653300829033013	密码区	8 +06896671 +9〈06612 加密标本号：01 3 + −948 +89 ∗7 −36/88〈/〈 757/5842 +05/29585131　4400011250 4 ∗/2 − +2〉7 +00053932

货物或应税劳务、服务名称	规格型号	单位	数量	单价	金　额	税率	税额
法律咨询费		项	1	9 433. 96	9 433. 96	6%	566. 04
合　　计					¥9 433. 96		¥566. 04
价税合计（大写）	⊗壹万元整				（小写）¥10 000. 00		

销货单位	名　　称：天河律师事务所 纳税人识别号：44226862595113 地 址 、电 话：广州市 36606629 开户行和账号：工商银行广州市龙口东支行 06653300830276683	备注	（印章：天河律师事务所 44226862595113 发票专用章）

收款人：范兵　　复核：李月　　开票人：高兴　　销货单位：（章）

第三联 发票联 购货方记账凭证

②

中国工商银行 支票存根 No. 08322175
附加信息＿＿＿＿＿＿＿＿
出票日期：2016 年 12 月 14 日
收款单位（或收款人）：天河律师事务所
金　　额：¥10 000. 00
用　　途：法律咨询费
备　　注：
签名：贺洁 2016 年 12 月 14 日

单位主管：张立　　会计：陈晓彤

（70）14 日，采用分期收款方式销售，发出产品。销售协议：分期收取总售价为 6 800 000 元，分两年于每年年末收取。每年年末收款时，增值税纳税义务发生，同时收取增值税。（具有融资性质。两年期、利率 5% 的年金现值系数为 1.859。）

①

分期收款销售协议书

签约时间：2016 年 12 月 14 日

购货方：广州华美公司　　　　供货方：广州市鸿星股份有限公司

销售商品：挂壁式空调 1 000 台，单位售价 4 000 元；

立柜式空调 800 台，单位售价 3 500 元。

结算方式：分两年结算：2017 年、2018 年年末各付 50%。

购货方签章：（广州华美公司 合同专用章）　　　　供货方签章：（广州市鸿星股份有限公司 合同专用章）

2016 年 12 月 14 日　　　　2016 年 12 月 14 日

②

产品销售出库单

编号：C403

2016 年 12 月 14 日　　　　单位：元

货号	品　名	单位	数量	单价	金额	备注
C－01	挂壁式空调	台	1 000			刘鸣
C－02	立柜式空调	台	800			
	合　计		1 800			

二·交会计

部门负责人：陈青　　记账：　　复核：李扬　　发货：曹花

③

广东增值税专用发票

记 账 联

No 0066841

开票日期：2016 年 12 月 14 日

购货单位	名称：广州华美公司 纳税人识别号：400256670241228 地址、电话：广州市 02083326302 开户行和账号：工商银行广州市罗岗支行 06651100125178398	密码区	8 +06896671 +9〈06612 加密标本号：01 3 + −948 +89 ∗7 −36/88〈/〈 757/5842 +05/29585131 4400011250 4 ∗/2 − +2〉7 +00053932				
货物或应税劳务、服务名称	规格型号	单位	数量	单价	金额	税率	税额
挂壁式空调		台	1 000	4 000	4 000 000.00	17%	680 000.00
立柜式空调		台	800	3 500	2 800 000.00	17%	476 000.00
合计					¥6 800 000.00		¥1 156 000.00
价税合计（大写）	⊗柒佰玖拾伍万陆仟元整				（小写）¥7 956 000.00		
销货单位	名称：广州市鸿星股份有限公司 纳税人识别号：442268620881168 地址、电话：广州市 20881168 开户行和账号：工商银行广州市棠下支行 06653300829033013	备注	分期收款销售，具有融资性质。 两年期、利率 5% 的年金现值系数为 1.859。				

收款人：李杰 复核：廖文 开票人：伍秋兰 销货单位：（章）

第一联 记账联 销货方记账凭证

（71）15 日，产品完工入库，登记库存数量增加。挂壁式空调 1 720 台、立柜式空调 1 630 台。

完工产品入库单

编号：R301

2016 年 12 月 15 日

单位：元

货号	品名	单位	数量	单价	金额	备注
C－01	挂壁式空调	台	1 720			
C－02	立柜式空调	台	1 630			
	合 计					

二·交会计

部门负责人：陈青 记账： 保管：曹花 交货：李扬

（72）15 日，向海南德兴商场赊销，委电托收，登记库存商品数量减少。

①

委电　　**委托收款凭证**（回单）№　006126

委托日期：2016 年 12 月 15 日

收款人	全　称	广州市鸿星股份有限公司	付款人	全　称	海南德兴商场
	账　号	06653300829033013		账　号	08581106675681126
	开户银行	工商银行广州市棠下支行		开户银行	建设银行海口市海天支行

委托金额	人民币（大写）	陆佰玖拾玖万陆仟伍佰捌拾元整	千	百	十	万	千	百	十	元	角	分
			¥	6	9	9	6	5	8	0	0	0

款项内容	货税款、代垫运费	凭据名称	发票、运单	附寄单证张数	贰张

备注：	款项收妥日期　　年　　月　　日
电　划	收款人银行盖章　2016 年 12 月 15 日

中国工商银行股份有限公司 广州市棠下支行 2016.12.15 办讫

此联收款人开户行给款人的回单

②

广东增值税专用发票

记　账　联

№　0066842

开票日期：2016 年 12 月 15 日

购货单位	名　称：海南德兴商场 纳税人识别号：500612289456776 地 址 、电 话：海口市 089883326492 开户行和账号：建设银行海口市海天支行 08581106675681126	密码区	8 +06896671 +9〈06612 加密标本号：01 3 + －948 +89 ＊7 －36/88〈/〈 757/5842 +05/29585131　4400011250 4 ＊/2 － +2〉7 +00053932

货物或应税劳务、服务名称	规格型号	单位	数量	单价	金　额	税率	税额
挂壁式空调		台	1 500	3 986. 00	5 979 000. 00	17%	1 016 430. 00
合　计					¥5 979 000. 00		¥1 016 430. 00
价税合计（大写）	⊗陆佰玖拾玖万伍仟肆佰叁拾元整				（小写）¥6 995 430. 00		

销货单位	名　称：广州市鸿星股份有限公司 纳税人识别号：442268620881168 地 址 、电 话：广州市 20881168 开户行和账号：工商银行广州市棠下支行 06653300829033013	备注	广州市鸿星股份有限公司 442268620881168 发票专用章

收款人：李杰　　复核：廖文　　开票人：伍秋兰　　销货单位：（章）

第一联 记账联 销货方记账凭证

③

代垫费用清单

付款单位：海南德兴商场　　　　2016 年 12 月 15 日

托收单位	广州市鸿星股份有限公司	代垫费用项目	金　额
银行账号	工行 06653300829033013	包装费	
发票编号	No 00430687	装卸费	
运输单位	广州航运公司	保险费	
托运日期	2016 年 12 月 15 日	运输费	1 150.00
提货单号数	6632863	其　他	
备注：上项代垫费用的原始凭证交付款方，本清单作为本单位的付款凭证。		人民币（大写）壹仟壹佰伍拾元整 ¥1 150.00	

④

中国工商银行

支票存根

No. 08322176

附加信息________________

出票日期：2016 年 12 月 15 日

收款单位（或收款人）：广州航运公司

金　额：¥1 150.00

用　途：代垫运费

备　注：

签名：林旭　2016 年 12 月 15 日

单位主管：张立　　　　会计：陈晓彤

⑤

产品销售出库单

编号：C404

2016 年 12 月 2 日　　　　单位：元

货号	品　名	单位	数量	单价	金额	备注
C－01	挂壁式空调	台	1 500			刘鸣
	合　计					

二·交会计

部门负责人：陈青　　　记账：　　　复核：李扬　　　发货：曹花

（73）16 日，上月销售退回，开具红字增值税专用发票，冲减收入。填制红字出库单，冲减库存商品销售数量。

①

销项负数　　　　**广东增值税专用发票**　　　　№ 0066843

记　账　联

开票日期：2016 年 12 月 16 日

购货单位	名　　称：海南德兴商场 纳税人识别号：500612289456776 地 址 、电 话：海口市 089883326492 开户行和账号：建设银行海口市海天支行 08581106675681126	密码区	8 +06896671 +9〈06612 加密标本号：01 3 + −948 +89 ∗7 −36/88〈/〈 757/5842 +05/29585131　4400011250 4 ∗/2 − +2〉7 +00053932

货物或应税劳务、服务名称	规格型号	单位	数量	单价	金　额	税率	税额
挂壁式空调		台	2	3 986. 00	−7 972. 00	17%	−1 355. 24
合　　计					¥ −7 972. 00		¥ −1 355. 24
价税合计（大写）	⊗（负数）玖仟叁佰贰拾柒元贰角肆分　（小写）¥ −9 327. 24						

销货单位	名　　称：广州市鸿星股份有限公司 纳税人识别号：442268620881168 地 址 、电 话：广州市 20881168 开户行和账号：工商银行广州市棠下支行 06653300829033013	备注	购货方退货海南德兴商场 （广州市鸿星股份有限公司 442268620881168 发票专用章）

收款人：李杰　　复核：廖文　　开票人：伍秋兰　　销货单位：（章）

第一联 记账联 销货方记账凭证

②

中国工商银行　电汇凭证（回单）

委托日期 2016 年 12 月 16 日

收款人	全　称	海南德兴商场	付款人	全　称	广州市鸿星股份有限公司
	账　号或地址	08581106675681126		账　号或地址	06653300829033013
	汇入地址	海南省海口市　汇入行名称：建行海天支行		汇出地址	广东省广州市　汇出行名称：棠下支行

金额	人民币（大写）玖仟叁佰贰拾柒元贰角肆分	亿	千	百	十	万	千	百	十	元	角	分
							¥	9	3	2	7	2	4

汇款用途：支付退货价、税款

上列款项已根据委托办理，如需查询，请持此回单来行面洽。

（中国工商银行股份有限公司 广州市棠下支行 2016.12.16 办讫）

单位主管　　会计　　出纳　　记账　　　　2016 年 12 月 16 日

此联汇出行给汇款人的回单

③

开具红字增值税专用发票信息表

填开日期：2016 年 12 月 16 日

<table>
<tr><td rowspan="2">销售方</td><td>名　称</td><td>广州市鸿星股份有限公司</td><td rowspan="2">购买方</td><td>名　称</td><td colspan="2">海南德兴商场</td></tr>
<tr><td>纳税人识别号</td><td>442268620881168</td><td>纳税人识别号</td><td colspan="2">500612289456776</td></tr>
<tr><td rowspan="5">开具红字专用发票内容</td><td>货物名称</td><td>数　量</td><td>单价</td><td>金额</td><td>税率</td><td>税额</td></tr>
<tr><td>挂壁式空调</td><td>2</td><td>3 986.00</td><td>7 972.00</td><td>17%</td><td>1 355.24</td></tr>
<tr><td>（退货）</td><td></td><td></td><td></td><td></td><td></td></tr>
<tr><td></td><td></td><td></td><td></td><td></td><td></td></tr>
<tr><td></td><td></td><td></td><td></td><td></td><td></td></tr>
<tr><td>说　明</td><td colspan="6">一、购买方√
对应蓝字专用发票抵扣增值税销项税额情况：
1. 已抵扣√
2. 未抵扣□
（1）无法认证□
（2）纳税人识别号认证不符□
（3）增值税专用发票号码、代码认证不符□
（4）所购货物或劳务、服务不属于增值税抵扣项目范围□
对应蓝字专用发票的代码：4401161140　号码：0066843
二、销售方□
1. 购货方拒收发票□
2. 发票尚未交付□
对应蓝字专用发票的代码：＿＿＿＿　号码：＿＿＿＿</td></tr>
<tr><td>红字发票信息表编号</td><td colspan="6"></td></tr>
</table>

④

产品销售出库单

编号：C405

2016 年 12 月 16 日

单位：元

<table>
<tr><td>货号</td><td>品　名</td><td>单位</td><td>数量</td><td>单价</td><td>金额</td><td>备注</td></tr>
<tr><td>C－01</td><td>挂壁式空调</td><td>台</td><td>2</td><td></td><td></td><td rowspan="3">销售单位
退　货</td></tr>
<tr><td></td><td></td><td></td><td></td><td></td><td></td></tr>
<tr><td></td><td></td><td></td><td></td><td></td><td></td></tr>
<tr><td></td><td>合　计</td><td></td><td>2</td><td></td><td></td><td></td></tr>
</table>

二·交会计

部门负责人：陈青　　记账：　　复核：李扬　　发货：曹花

(74) 17 日，通过广州红十字会向地震灾区捐款。

①

公益性单位接收捐赠统一收据

2016 年 12 月 17 日　　　　№ 105934129

捐 赠 者	广州市鸿星股份有限公司
捐赠项目	地震灾区捐款
捐赠金额（实物价值）大写	贰拾万元整
小写	¥200 000.00
货币（实物）种类	人民币

第二联 捐赠者

接收单位（签章）（印章：广州红十字会 财务专用章）　审核：赵东　经手人：符娥　支票号：08322176

②

中国工商银行
支票存根
No. 08322177

附加信息______

出票日期：2016 年 12 月 17 日

收款单位（或收款人）	广州红十字会
金　额	¥200 000.00
用　途	地震灾区捐赠
备　注：	

签名：李玲 2016 年 12 月 17 日

单位主管：张立　会计：陈晓彤

（75）18 日，办理厂房建造工程价款结算，补付工程价款，尚未完工。

①

广东增值税专用发票

发 票 联

№ 0098240

开票日期：2016 年 12 月 18 日

购货单位	名 称：广州市鸿星股份有限公司 纳税人识别号：442268620881168 地 址 、电 话：广州市 20881168 开户行和账号：工商银行广州市棠下支行 06653300829033013	密码区	8 +06896671 +9〈06612 加密标本号：01 3 + −948 +89 ∗7 −36/88〈/〈 757/5842 +05/29585131 4400011250 4 ∗/2 − +2〉7 +00053932

货物或应税劳务、服务名称	规格型号	单位	数量	单价	金 额	税率	税额
建造厂房		座	1	1 600 000. 00	1 600 000. 00	11%	176 000. 00
合 计					¥1 600 000. 00		¥176 000. 00
价税合计（大写）	⊗壹佰柒拾柒万陆仟元整					（小写）	¥1 776 000. 00

销货单位	名 称：广州科苑集团 纳税人识别号：440235152537132 地 址 、电 话：广州市 88260731 开户行和账号：工商银行广州市江边支行 0228760075627882	备注	广州科苑集团 440235152537132 发票专用章

收款人：李力 复核：周颖 开票人：徐芳 销货单位：（章）

第三联 发票联 购货方记账凭证

②

广东增值税专用发票

抵 扣 联

№ 0098240

开票日期：2016 年 12 月 18 日

购货单位	名 称：广州市鸿星股份有限公司 纳税人识别号：442268620881168 地 址 、电 话：广州市 20881168 开户行和账号：工商银行广州市棠下支行 06653300829033013	密码区	8 +06896671 +9〈06612 加密标本号：01 3 + −948 +89 ∗7 −36/88〈/〈 757/5842 +05/29585131 4400011250 4 ∗/2 − +2〉7 +00053932

货物或应税劳务、服务名称	规格型号	单位	数量	单价	金 额	税率	税额
建造厂房		座	1	1 600 000. 00	1 600 000. 00	11%	176 000. 00
合 计					¥1 600 000. 00		¥176 000. 00
价税合计（大写）	⊗壹佰柒拾柒万陆仟元整					（小写）	¥1 776 000. 00

销货单位	名 称：广州科苑集团 纳税人识别号：440235152537132 地 址 、电 话：广州市 88260731 开户行和账号：工商银行广州市江边支行 0228760075627882	备注	广州科苑集团 440235152537132 发票专用章

收款人：李力 复核：周颖 开票人：徐芳 销货单位：（章）

第二联 抵扣联 购货方扣税凭证

③

中国工商银行
支票存根
No. 08322178
附加信息________________

出票日期：2016 年 12 月 17 日

收款单位（或收款人）	广州科苑集团
金 额	¥1 776 000.00
用 途	出包工程建造厂房
备 注：	
签名：唐创彬 2016 年 12 月 18 日	

单位主管：张立　　　会计：陈晓彤

（76）18 日，行政科报销，补足备用金。

①

备用金报销清单

备用金定额：¥3 000 元

领用部门：行政科　　　2016 年 12 月 18 日　　　单位：元

日期		科目及摘要	金额	日期		科目及摘要	金额
月	日			月	日		
12	18	购买办公用品	940.00	12	18	现金补足数	940.00
合计			940.00	合计			940.00

主管：张立　　部门负责人：马海东　　复核：张扬　　制表：李佳

②

广东省国家税务局通用机打发票

发 票 联

发票号码：00201167

开票日期：2016 年 12 月 15 日　　　　行业类别：商业

付款方名称：广州市鸿星股份有限公司

付款方证件号：

收款方名称：棠德华盛超市

收款方证件号：441822560023406

开票项目说明	单位	数量	单价	金额（元）
签字笔	支	20	2.00	40.00
电话机	台	6	150.00	900.00

合计金额（大写）：⊗玖佰肆拾元整　　　合计金额（小写）：¥940.00

附注：

开票人：陈菲　　　开票单位（盖章）

第一联 发票联 付款方付款凭证

棠德华盛超市 0023622578712 发票专用章

③

现金支出凭单

2016 年 12 月 18 日　　　　第 005 号

收款人	李冰	备注：
用　途	购买办公用品	
金　额	⊗玖佰肆拾元整　¥940.00	

财务主管：张立　　　审核：林静　　　出纳：李莉　　　领款人：李冰

（77）19 日，签发支票支付电话费。

①

广东增值税专用发票
发 票 联

（全国统一发票监制章 国家税务总局监制）

№ 0096438

开票日期：2016 年 12 月 19 日

购货单位	名称：广州市鸿星股份有限公司 纳税人识别号：440235152502746 地址、电话：广州市 20881168 开户行和账号：工商银行广州市棠下支行 06653300829033013	密码区	8 +06896671 +9〈06612 加密标本号：01 3 + −948 +89 ∗7 −36/88〈/〈 757/5842 +05/29585131 4400011250 4 ∗/2 − +2〉7 +00053932

货物或应税劳务、服务名称	规格型号	单位	数量	单价	金额	税率	税额
电话费		项	1	56 000.00	56 000.00	11%	6 160.00
合计					¥56 000.00		¥6 160.00
价税合计（大写）	⊗陆万贰仟壹佰陆拾元整					（小写）	¥62 160.00

销货单位	名称：广东省电信公司广州分公司 纳税人识别号：440235152502746 地址、电话：广州市 38826576 开户行和账号：工商银行广州市粤海支行 02287600756219022	备注	广东省电信公司广州分公司 440235152502746 发票专用章

收款人：雷铎 复核：刘文涛 开票人：张晨 销货单位：（章）

第三联 发票联 购货方记账凭证

②

广东增值税专用发票
抵 扣 联

（全国统一发票监制章 国家税务总局监制）

№ 0096438

开票日期：2016 年 12 月 19 日

购货单位	名称：广州市鸿星股份有限公司 纳税人识别号：442268620881168 地址、电话：广州市 20881168 开户行和账号：工商银行广州市棠下支行 06653300829033013	密码区	8 +06896671 +9〈06612 加密标本号：01 3 + −948 +89 ∗7 −36/88〈/〈 757/5842 +05/29585131 4400011250 4 ∗/2 − +2〉7 +00053932

货物或应税劳务、服务名称	规格型号	单位	数量	单价	金额	税率	税额
电话费		项	1	56 000.00	56 000.00	11%	6 160.00
合计					¥56 000.00		¥6 160.00
价税合计（大写）	⊗陆万贰仟壹佰陆拾元整					（小写）	¥62 160.00

销货单位	名称：广东省电信公司广州分公司 纳税人识别号：440235152502746 地址、电话：广州市 38826576 开户行和账号：工商银行广州市粤海支行 02287600756219022	备注	广东省电信公司广州分公司 440235152502746 发票专用章

收款人：雷铎 复核：刘文涛 开票人：张晨 销货单位：（章）

第二联 抵扣联 购货方扣税凭证

③

中国工商银行 支票存根 No. 08322179
附加信息________________
出票日期：2016 年 12 月 19 日
收款单位（或收款人）：广东省电信公司广州分公司
金额：¥62 160.00
用途：电话费
备注：
签名：朱君 2016 年 12 月 19 日

单位主管：张立　　会计：陈晓彤

（78）19 日，支付辅助生产车间技术咨询费。

①

收　据

2016 年 12 月 19 日　　№ 0255687

今收到 广州市鸿星股份有限公司交来技术咨询费
人民币（大写）⊗壹仟贰佰叁拾柒元整　（¥1 237.00）
单位盖章　　经手人盖章　杨柳

第二联 交对方

（印章：新……设备维……公司 4401055……发票专用章）

经手人：胡勤

②

现金支出凭单

2016 年 12 月 19 日　　第 006 号

受款人	辅助生产车间：胡勤	备注：
用　途	技术咨询费	
金　额	⊗壹仟贰佰叁拾柒元整	¥1 237.00

财务主管：张立　　审核：林静　　出纳：李莉　　领款人：胡勤

（79）20 日，收入银行存款利息。10 月、11 月已预提 60 000 元。

中国工商银行存款利息通知单（收账通知）

2016 年 12 月 20 日

户　名	广州市鸿星股份有限公司		账　号	06653300829033013	
起息日期	结息日期	天　数	积　数	利　率	利　息
2016/09/21	2016/12/20	90	2 275 000 000. 00	0. 15%/月	113 750. 00
上列存款利息已收存你单位账户 中国工商银行股份有限公司 广州市棠下支行 2016.12.20 办讫 银行（盖章）：				科目 对方科目 复核员　　记账员	

备注：10 月、11 月已预提 60 000 元。

（80）20 日，支付短期银行借款利息。10 月、11 月已预提 100 000 元。

中国工商银行存款利息通知单（付款通知）

2016 年 12 月 20 日

户　名	广州市鸿星股份有限公司		账　号	06653300829033013	
起息日期	结息日期	天　数	积　数	利　率	利　息
2016/09/21	2016/12/20	90	576 000 000. 00	0. 7%/月	134 400. 00
上列存款利息已收存你单位账户 中国工商银行股份有限公司 广州市棠下支行 2016.12.20 办讫 银行（盖章）：				科目 对方科目 复核员　　记账员	

备注：10 月、11 月已预提 100 000 元。

（81）21 日，同意海南德兴商场要求折让货款，其余款项收妥。

①

销项负数

广东增值税专用发票

记 账 联

№ 0066844

开票日期：2016 年 12 月 20 日

购货单位	名　　称：海南德兴商场 纳税人识别号：500612289456776 地 址 、电 话：海口市 089883326492 开户行和账号：建设银行海口市海天支行 08581106675681126				密码区	8 +06896671 +9〈06612 加密标本号：01 3 + －948 +89 ∗7 －36/88〈/〈 757/5842 +05/29585131　4400011250 4 ∗/2 － +2〉7 +00053932	
货物或应税劳务、服务名称	规格型号	单位	数量	单价	金　额	税率	税额
挂壁式空调		台	10	398.60	－3 986.00	17%	－677.62
合　　计					¥ －3 986.00		¥ －677.62
价税合计（大写）	⊗（负数）肆仟陆佰陆拾叁元陆角贰分　（小写）¥ －4 663.62						
销货单位	名　　称：广州市鸿星股份有限公司 纳税人识别号：442268620881168 地 址 、电 话：广州市 20881168 开户行和账号：工商银行广州市棠下支行 06653300829033013				备注	10 台产品折让货、税款 10%	

收款人：李杰　　复核：廖文　　开票人：伍秋兰　　销货单位：（章）

广州市鸿星股份有限公司 442268620881168 发票专用章

第一联 记账联 销货方记账凭证

②

委电

委托收款凭证（收账通知）

№ 006126

委托日期：2016 年 12 月 15 日

收款人	全　　称	广州市鸿星股份有限公司	付款人	全　　称	海南德兴商场
	账　　号	06653300829033013		账　　号	08581106675681126
	开户银行	工商银行广州市棠下支行		开户银行	建设银行海口市海天支行

委托金额	人民币（大写）陆佰玖拾玖万陆仟伍佰捌拾元整	千	百	十	万	千	百	十	元	角	分
		¥	6	9	9	6	5	8	0	0	0

折让金额	¥4 663.62	实际收妥	¥6 991 916.38		
款项内容	货税款、代垫运费	凭据名称	发票、运单	附寄单证张数	贰张
备注： 电　划		款项收妥日期 2016 年 12 月 21 日 收款人银行盖章 2016 年 12 月 21 日			

中国工商银行股份有限公司 广州市棠下支行 2016.12.21 办讫

此联开户行给收款人的收款通知

③

开具红字增值税专用发票信息表

填开日期：2016 年 12 月 21 日

<table>
<tr><td rowspan="2">销售方</td><td>名　称</td><td colspan="2">广州市鸿星股份有限公司</td><td rowspan="2">购买方</td><td>名　称</td><td colspan="2">海南德兴商场</td></tr>
<tr><td>纳税人识别号</td><td colspan="2">442268620881168</td><td>纳税人识别号</td><td colspan="2">500612289456776</td></tr>
<tr><td rowspan="5">开具红字专用发票内容</td><td>货物名称</td><td>数　量</td><td colspan="2">单价</td><td>金额</td><td>税率</td><td>税额</td></tr>
<tr><td>挂壁式空调</td><td>10</td><td colspan="2">398.60</td><td>3 986.00</td><td>17%</td><td>677.62</td></tr>
<tr><td>（折让）</td><td></td><td colspan="2"></td><td></td><td></td><td></td></tr>
<tr><td></td><td></td><td colspan="2"></td><td></td><td></td><td></td></tr>
<tr><td></td><td></td><td colspan="2"></td><td></td><td></td><td></td></tr>
<tr><td>说　明</td><td colspan="7">一、购买方√
对应蓝字专用发票抵扣增值税销项税额情况：
1. 已抵扣√
2. 未抵扣□
（1）无法认证□
（2）纳税人识别号认证不符□
（3）增值税专用发票号码、代码认证不符□
（4）所购货物或劳务、服务不属于增值税抵扣项目范围□
对应蓝字专用发票的代码：4401161140　号码：0066844
二、销售方□
1. 购货方拒收发票□
2. 发票尚未交付□
对应蓝字专用发票的代码：______　号码：______</td></tr>
<tr><td>红字发票信息表编号</td><td colspan="7"></td></tr>
</table>

(82) 21 日，支付业务招待费。

①

广东增值税专用发票

发 票 联

№ 2639227

开票日期：2016 年 12 月 21 日

购货单位	名　　称：广州市鸿星股份有限公司 纳税人识别号：442268620881168 地 址、电 话：广州市 20881168 开户行和账号：工商银行广州市棠下支行 066533008290330 13			密码区	8 +06896671 +9〈06612 加密标本号：01 3 + −948 +89 ∗7 −36/88〈/〈 757/5842 +05/29585131　4400011250 4 ∗/2 − +2〉7 +00053932		
货物或应税劳务、服务名称	规格型号	单位	数量	单价	金　额	税率	税额
业务招待费		项	1	80 000.00	80 000.00	6%	4 800.00
合　　计					¥80 000.00		¥4 800.00
价税合计（大写）	⊗捌万肆仟捌佰元整				（小写）¥84 800.00		
销货单位	名　　称：珠江俊园大厦 纳税人识别号：4419876598886 地 址、电 话：广州市 36606688 开户行和账号：工商银行广州市龙口西支行 066533008302712 09			备注	珠江俊园大厦 4419876598886 发票专用章		

收款人：宋雅　　复核：李金龙　　开票人：高翔　　销货单位：（章）

第二联 发票联 购货方扣税凭证

②

中国工商银行
支票存根
No. 08322180

附加信息________

出票日期：2016 年 12 月 21 日

收款单位（或收款人）：珠江俊园大厦
金　　额：¥84 800.00
用　　途：支付业务招待费
备　　注：

签名：钱霖 2016 年 12 月 21 日

单位主管：张立　　会计：陈晓彤

(83) 22 日，直接为希望小学捐款、通过民政部门为希望小学捐款。

①

收　据

2016 年 12 月 22 日　　　　№ 0256872

今收到　广州市鸿星股份有限公司交来希望工程捐款

人民币（大写）　⊗伍万元整　　　　（￥50 000.00）

收款单位公章：（连山希望小学 财务专用章）　　　　收款人签章：赵伟东

第二联　交对方

经手人：张良

②

中国工商银行
支票存根
No. 08322181

附加信息＿＿＿＿＿＿

出票日期：2016 年 12 月 22 日

收款单位（或收款人）	连山希望小学
金　额	￥50 000.00
用　途	捐赠希望小学
备　注：	

签名：张良　2016 年 12 月 22 日

单位主管：张立　　　会计：陈晓彤

③

广东省社会捐赠统一收据

2016 年 12 月 22 日　　　　№ 008261432

捐 赠 者　广州市鸿星股份有限公司

捐赠项目　清远希望小学捐款

捐赠金额（实物价值）大写　⊗玖万元整

小写　¥90 000.00

货币（实物）种类　人民币

第二联 捐赠者

接收单位（签章）　清远市民政局财务专用章　　审核：林栋　　经手人：赵岩　　支票号：0832217682

④

中国工商银行
支票存根
No. 08322182

附加信息

出票日期：2016 年 12 月 22 日

收款单位（或收款人）　清远市民政局
金　　额　¥90 000.00
用　　途　捐赠清远希望小学

单位主管：张立　　会计：陈晓彤

（84）22 日，支付广告费。

①

广东增值税专用发票

发　票　联

（监制章：全国统一发票监制章 国家税务总局监制）

№　2324873

开票日期：2016 年 12 月 22 日

购货单位	名　　称：广州市鸿星股份有限公司 纳税人识别号：442268620881168 地 址 、电 话：广州市 20881168 开户行和账号：工商银行广州市棠下支行 06653300829033013	密码区	8 +06896671 +9〈06612 加密标本号：01 3 + -948 +89 ∗7 -36/88〈/〈 757/5842 +05/29585131　4400011250 4 ∗/2 - +2〉7 +00053932

货物或应税劳务、服务名称	规格型号	单位	数量	单价	金　额	税率	税额
广告费		项	1	400 000.00	400 000.00	6%	24 000.00
合　　计					¥400 000.00		¥24 000.00
价税合计（大写）	⊗肆拾贰万肆仟元整					（小写）	¥424 000.00

销货单位	名　　称：广州市电视台 纳税人识别号：4401066591223 地 址 、电 话：广州市 38906318 开户行和账号：工商银行广州市越秀支行 06653300830327262	备注	（印章：广州市电视台 4401066591223 发票专用章）

收款人：黎飞　　　复核：赵子龙　　　开票人：洪宏　　　销货单位：（章）

第三联　发票联　购货方记账凭证

②

广东增值税专用发票

抵　扣　联

（监制章：全国统一发票监制章 国家税务总局监制）

№　2324873

开票日期：2016 年 12 月 22 日

购货单位	名　　称：广州市鸿星股份有限公司 纳税人识别号：442268620881168 地 址 、电 话：广州市 20881168 开户行和账号：工商银行广州市棠下支行 06653300829033013	密码区	8 +06896671 +9〈06612 加密标本号：01 3 + -948 +89 ∗7 -36/88〈/〈 757/5842 +05/29585131　4400011250 4 ∗/2 - +2〉7 +00053932

货物或应税劳务、服务名称	规格型号	单位	数量	单价	金　额	税率	税额
广告费		项	1	400 000.00	400 000.00	6%	24 000.00
合　　计					¥400 000.00		¥24 000.00
价税合计（大写）	⊗肆拾贰万肆仟元整					（小写）	¥424 000.00

销货单位	名　　称：广州市电视台 纳税人识别号：4401066591223 地 址 、电 话：广州市 38906318 开户行和账号：工商银行广州市越秀支行 06653300830327262	备注	（印章：广州市电视台 4401066591223 发票专用章）

收款人：黎飞　　　复核：赵子龙　　　开票人：洪宏　　　销货单位：（章）

第二联　抵扣联　购货方扣税凭证

③

中国工商银行

支票存根

No. 08322183

附加信息________________

____

____

出票日期：2016 年 12 月 22 日

收款单位（或收款人）	广州市电视台
金额	¥424 000.00
用途	广告费
备注：	
签名：杨如 2016 年 12 月 22 日	

单位主管：张立　　　会计：陈晓彤

（85）23 日，交纳排污费。

①

广东省公用事业单位统一收据

2016 年 12 月 23 日　　　№ 0256236

今收到　广州市鸿星股份有限公司

交　来　污水处理费

人民币（大写）⊗贰万零捌佰伍拾元整

¥20 850.00

收款单位公章：（广州市环保局 财务专用章）　　　收款人签章：苏华

第二联 交对方

经手人：邵兵

②

中国工商银行
支票存根
No. 08322184
附加信息____________

出票日期：2016 年 12 月 23 日

收款单位（或收款人）广州市环保局
金　　额 ¥20 850.00
用　　途 排污费
备　　注：

签名：邵兵 2016 年 12 月 23 日

单位主管：张立　　会计：陈晓彤

（86）23 日，委托代销发货。代销协议规定：受托方按货款 10% 收取代销手续费。

①

委托代销协议书

甲方：广州市鸿星股份有限公司

乙方：重庆万德商场

经双方协商，乙方为甲方代销产品，每月月末结算货款，按货款 10% 收取代销手续费。甲方首期发货：挂壁式空调 2 000 台，立柜式空调 2 000 台。

甲方盖章：（广州市鸿星股份有限公司 合同专用章）　　乙方盖章：（重庆万德商场 合同专用章）

2016 年 12 月 23 日　　2016 年 12 月 23 日

②

产品销售出库单

发货单位：广州市鸿星股份有限公司

接收单位：重庆万德商场　　2016 年 12 月 23 日　　编号：C406

货号	品　名	单位	数量	单价	金额	备注
C－01	挂壁式空调	台	2 000			委托代销
C－02	立柜式空调	台	2 000			
	合　计		4 000			

二·交会计

部门负责人：陈青　　记账：　　复核：李扬　　发货：曹花

（87）23 日，收回上月包装物押金，计算增值税销项税额。

包装物押金没收转账单

2016 年 12 月 23 日　　单位：元

品　名	金　额	销 项 税 额	结转收入金额
包装物押金	4 000. 00	581. 20	3 418. 80
合　计	4 000. 00	581. 20	3 418. 80

主管：张立　　复核：张扬　　制表：李佳

（88）24 日，出租仓库，投资性房地产采用成本模式进行后续计量。

固定资产出租单

租入单位：安达有限公司　　2016 年 12 月 24 日　　租出单位：广州市鸿星股份有限公司

项　目	计量单位	数　量	固定资产原值（元）	已提折旧（元）
仓　库	座	1	446 500. 00	36 500. 00
出租日期	出租期限	到期日期	每月租金（元）	结算方式
2016. 12. 24	两年	2018. 12. 24	20 000. 00	每月 24 日付租

租入单位盖章：　　租出单位盖章：

（89）24 日，发行股票。

①

2016 年度广州市鸿星股份有限公司增资配股方案

2016 年 11 月 24 日

经股东大会审议通过，对股份总数 50 000 000 股按 10 : 2 进行配股，共配售 10 000 000 股，每股面值为 1. 00 元，每股售价为 3. 00 元，配股款已由证券公司解入公司存款账户。扣除应付证券公司承销费（3%）。

配股：1 000 万股。其中：	国家股：	530 万股
	法人股：	160 万股
	社会公众股：	310 万股
	发行收入：	3 000 万元
	承销费：（3 000 万元 × 3%）	90 万元

②

贷记凭证（收账通知）

№ 006879

签发日期：贰零壹陆年壹拾贰月贰拾肆日

付款人	全　称	永安证券公司
	账　号	02251113301234408
	开户银行	工商银行天河支行
人民币（大写）贰仟玖佰壹拾万元整		¥29 100 000.00
收款人	全　称	广州市鸿星股份有限公司
	账　号	06653300829033013
	开户银行	工商银行棠下支行
用途：配股款 3 000 万元，发行费用 90 万元，净收入 2 910 万元。 收款人开户银行（盖章）		

此联作收款人的收账通知

中国工商银行股份有限公司 广州市棠下支行 2016.12.24 办讫

（90）24 日，接受固定资产捐赠。

①

无偿捐赠协议

签发日期：2016 年 12 月 24 日

接受单位：广州市鸿星股份有限公司	捐赠单位：朝阳有限公司
捐赠时间：2016 年 12 月 24 日	项目：10 台电脑
接受捐赠单位签章：张勇	捐赠单位签章：梁伟宏

广州市鸿星股份有限公司 合同专用章

朝阳有限公司 合同专用章

②

广东增值税专用发票

发 票 联

№ 0090234

开票日期：2016 年 12 月 22 日

<table>
<tr><td>购货单位</td><td colspan="4">名　　称：朝阳有限公司
纳税人识别号：423466809982435
地 址 、电 话：广州市 22361075
开户行和账号：工商银行广州市西口支行
06632200871242609</td><td>密码区</td><td colspan="3">8 +06896671 +9〈06612
加密标本号：01
3 + −948 +89 ∗7 −36/88〈/〈
757/5842 +05/29585131　4400011250
4 ∗/2 − +2〉7 +00053932</td></tr>
<tr><td colspan="2">货物或应税劳务、服务名称</td><td>规格型号</td><td>单位</td><td>数量</td><td>单价</td><td>金　额</td><td>税率</td><td>税额</td></tr>
<tr><td colspan="2">电脑</td><td></td><td>台</td><td>10</td><td>9 100.00</td><td>91 000.00</td><td>17%</td><td>15 470.00</td></tr>
<tr><td colspan="2">合　　计</td><td></td><td></td><td></td><td></td><td>¥91 000.00</td><td></td><td>¥15 470.00</td></tr>
<tr><td colspan="2">价税合计（大写）</td><td colspan="7">⊗壹拾万零陆仟肆佰柒拾元整　　　（小写）¥106 470.00</td></tr>
<tr><td>销货单位</td><td colspan="4">名　　称：三科电脑公司
纳税人识别号：442255760011832
地 址 、电 话：广州市 33826718
开户行和账号：工商银行广州市江边支行
06653300829033013</td><td>备注</td><td colspan="3">（印章：三科电脑公司 44225760011832 发票专用章）</td></tr>
</table>

收款人：李铭　　复核：于飞　　开票人：肖家明　　销货单位：（章）

第三联 发票联 购货方记账凭证

③

广东增值税专用发票

抵 扣 联

№ 0090234

开票日期：2016 年 12 月 22 日

<table>
<tr><td>购货单位</td><td colspan="4">名　　称：朝阳有限公司
纳税人识别号：423466809982435
地 址 、电 话：广州市 22361075
开户行和账号：工商银行广州市西口支行
06632200871242609</td><td>密码区</td><td colspan="3">8 +06896671 +9〈06612
加密标本号：01
3 + −948 +89 ∗7 −36/88〈/〈
757/5842 +05/29585131　4400011250
4 ∗/2 − +2〉7 +00053932</td></tr>
<tr><td colspan="2">货物或应税劳务、服务名称</td><td>规格型号</td><td>单位</td><td>数量</td><td>单价</td><td>金　额</td><td>税率</td><td>税额</td></tr>
<tr><td colspan="2">电脑</td><td></td><td>台</td><td>10</td><td>9 100.00</td><td>91 000.00</td><td>17%</td><td>15 470.00</td></tr>
<tr><td colspan="2">合　　计</td><td></td><td></td><td></td><td></td><td>¥91 000.00</td><td></td><td>¥15 470.00</td></tr>
<tr><td colspan="2">价税合计（大写）</td><td colspan="7">⊗壹拾万零陆仟肆佰柒拾元整　　　（小写）¥106 470.00</td></tr>
<tr><td>销货单位</td><td colspan="4">名　　称：三科电脑公司
纳税人识别号：442255760011832
地 址 、电 话：广州市 33826718
开户行和账号：工商银行广州市江边支行
06653300829033013</td><td>备注</td><td colspan="3">（印章：三科电脑公司 44225760011832 发票专用章）</td></tr>
</table>

收款人：李铭　　复核：于飞　　开票人：肖家明　　销货单位：（章）

第二联 抵扣联 购货方扣税凭证

（91）24 日，支付上月向上海燕山钢铁有限公司赊购款，采用汇兑结算方式，并支付汇费。

①

中国工商银行　电汇凭证（回单）

委托日期 2016 年 12 月 24 日

<table>
<tr><td rowspan="3">收款人</td><td>全　称</td><td colspan="3">燕山钢铁有限公司</td><td rowspan="3">付款人</td><td>全　称</td><td colspan="3">广州市鸿星股份有限公司</td></tr>
<tr><td>账　号
或地址</td><td colspan="3">02332500668802331</td><td>账　号
或地址</td><td colspan="3">06653300829033013</td></tr>
<tr><td>汇入地址</td><td>上海市</td><td>汇入行
名　称</td><td>虹桥支行</td><td>汇出地址</td><td>广东省
广州市</td><td>汇出行
名　称</td><td>棠下支行</td></tr>
</table>

金额	人民币（大写）捌佰壹拾玖万元整	亿	千	百	十	万	千	百	十	元	角	分
			¥	8	1	9	0	0	0	0	0	0

汇款用途：偿还以前所欠货款

上列款项已根据委托办理，如需查询，请持此回单来行面洽。

汇出行盖章

中国工商银行股份有限公司 广州市棠下支行 2016.12.24 办讫

2016 年 12 月 24 日

单位主管　　会计　　出纳　　记账

此联汇出行给汇款人的回单

②

中国工商银行

交易日期：2016 年 12 月 24 日/客户回单

汇款人全称：广州市鸿星股份有限公司
汇款人账号：06653300829033013

收款方名称：燕山钢铁有限公司
收款方账号：02332500668802331
收款方开户行：中国工商银行上海虹桥支行

汇款金额：¥8 190 000. 00
手续费：¥130. 00
用途：货款

（92）25 日，完工产品验收入库，登记数量增加。挂壁式空调 1 460 台、立柜式空调 1 230 台。

完工产品入库单

2016 年 12 月 25 日　　　　　　　　编号：R302

货号	品　名	单位	数量	单价	金额	备注
C－01	挂壁式空调	台	1 460			
C－02	立柜式空调	台	1 230			
	合　计					

二·交会计

部门负责人：陈青　　　记账：　　　复核：曹花　　　发货：李扬

（93）25 日，出售 12 月 6 日购入的宝商股票。

证券公司

成交过户交割单

成交日期：2016 年 12 月 25 日　　　　卖

股东名称：	广州市鸿星股份有限公司	成交证券：	宝商股票
股东账号：	A629203	成交数量：	50 000（股）
资金账号：	48010249	成价格：	5. 80 元／股
申请编号：	6 578	成交金额：	290 000. 00
申请时间：	14∶30	佣金：	174. 00
成交时间：	14∶35	过户费用：	500. 00
上次余额：	0. 00	印花税：	290. 00
本次成交：	50 000（股）	附加费用：	
本次余额：	289 036. 00	清算金额：	289 036. 00
本次库存：	50 000（股）	清算日期：	20161225

经办单位：永安证券交易所　　　　客户签章：广州市鸿星股份有限公司

永安证券交易所 440100562348952 业务专用章

广州市鸿星股份有限公司 42268620882239 财务专用章

（94）25 日，支付电费，委托银行直接划账。

①

广东增值税专用发票

发　票　联

№　0092567

开票日期：2016 年 12 月 25 日

购货单位	名　　称：广州市鸿星股份有限公司 纳税人识别号：442268620881168 地 址 、电 话：广州市 20881168 开户行和账号：工商银行广州市棠下支行 06653300829033013			密码区	8 + 06896671 + 9〈06612 加密标本号：01 3 + －948 + 89 * 7 －36/88〈/〈 757/5842 + 05/29585131　4400011250 4 * /2 － + 2〉7 + 00053932		
货物或应税劳务、服务名称	规格型号	单位	数量	单价	金　额	税率	税额
电费		千瓦	421 500	1.10	463 650.00	17%	78 820.50
合　　计					¥463 650.00		¥78 820.50
价税合计（大写）	⊗伍拾肆万贰仟肆佰柒拾元零伍角整　　（小写）¥542 470.50						
销货单位	名　　称：广州市电力公司 纳税人识别号：442268620882262 地 址 、电 话：广州市 23567889 开户行和账号：工商银行广州市环市支行 06642900630122956			备注	广州市电力公司 银行直接划账 442268620882262 发票专用章		

收款人：龙泉　　复核：叶小青　　开票人：王建民　　销货单位：（章）

第三联 发票联 购货方记账凭证

②

广东增值税专用发票

抵　扣　联

№　0092567

开票日期：2016 年 12 月 25 日

购货单位	名　　称：广州市鸿星股份有限公司 纳税人识别号：442268620881168 地 址 、电 话：广州市 20881168 开户行和账号：工商银行广州市棠下支行 06653300829033013			密码区	8 + 06896671 + 9〈06612 加密标本号：01 3 + －948 + 89 * 7 －36/88〈/〈 757/5842 + 05/29585131　4400011250 4 * /2 － + 2〉7 + 00053932		
货物或应税劳务、服务名称	规格型号	单位	数量	单价	金　额	税率	税额
电费		千瓦	421 500	1.10	463 650.00	17%	78 820.50
合　　计					¥463 650.00		¥78 820.50
价税合计（大写）	⊗伍拾肆万贰仟肆佰柒拾元零伍角整　　（小写）¥542 470.50						
销货单位	名　　称：广州市电力公司 纳税人识别号：442268620882262 地 址 、电 话：广州市 23567889 开户行和账号：工商银行广州市环市支行 06642900630122956			备注	广州市电力公司 银行直接划账 442268620882262 发票专用章		

收款人：龙泉　　复核：叶小青　　开票人：王建民　　销货单位：（章）

第二联 抵扣联 购货方扣税凭证

③

电费分配计算表

2016 年 12 月 25 日　　　　单位：元

部　门	会计科目	分配率	分配金额
基本生产车间	制造费用	56%	259 644.00
辅助生产车间	生产成本—辅助	24%	111 276.00
行政管理部门	管理费用	14%	64 911.00
销售部门	销售费用	6%	27 819.00
合　计			¥463 650.00

主管：张立　　　　复核：张扬　　　　制表：李佳

(95) 25 日，支付水费，委托银行直接划账。

①

广东增值税专用发票

发　票　联

№　0093652

开票日期：2016 年 12 月 25 日

购货单位	名　　称：广州市鸿星股份有限公司 纳税人识别号：442268620881168 地 址 、电 话：广州市 20881168 开户行和账号：工商银行广州市棠下支行 06653300829033013	密码区	8 +06896671 +9〈06612 加密标本号：01 3 + −948 +89 ∗7 −36/88〈/〈 757/5842 +05/29585131　4400011250 4 ∗/2 − +2〉7 +00053932

货物或应税劳务、服务名称	规格型号	单位	数量	单价	金　额	税率	税额
水费		m^2	106 500	1.20	127 800.00	6%	7 668.00
合　　计					¥127 800.00		¥7 668.00
价税合计（大写）	⊗壹拾叁万伍仟肆佰陆拾捌元整				（小写）¥135 468.00		

销货单位	名　　称：广州市自来水公司 纳税人识别号：440106620842138 地 址 、电 话：广州市 34256673 开户行和账号：工商银行广州市先锋支行 06641200818609216	备注	银行直接划账 广州市自来水公司 440106620842138 发票专用章

收款人：姚明　　　　复核：朱君　　　　开票人：姚远　　　　销货单位：（章）

第三联 发票联 购货方记账凭证

②

广东增值税专用发票
抵 扣 联

№ 0093652

开票日期：2016 年 12 月 25 日

购货单位	名 称：广州市鸿星股份有限公司 纳税人识别号：442268620881168 地 址 、电 话：广州市 20881168 开户行和账号：工商银行广州市棠下支行 06653300829033013			密码区	8 +06896671 +9〈06612 加密标本号：01 3 + -948 +89 * 7 -36/88〈/〈 757/5842 +05/29585131 4400011250 4 * /2 - +2〉7 +00053932		
货物或应税劳务、服务名称	规格型号	单位	数量	单价	金 额	税率	税额
水费		m^2	106 500	1.20	127 800.00	6%	7 668.00
合 计					¥127 800.00		¥7 668.00
价税合计（大写）	⊗壹拾叁万伍仟肆佰陆拾捌元整					（小写）	¥135 468.00
销货单位	名 称：广州市自来水公司 纳税人识别号：440106620842138 地 址 、电 话：广州市 34256673 开户行和账号：工商银行广州市先锋支行 06641200818609216			备注	银行直接划账 （广州市自来水公司 440106620842138 发票专用章）		

第二联 抵扣联 购货方扣税凭证

收款人：姚明　　复核：朱君　　开票人：姚远　　销货单位：（章）

③

水费分配计算表

2016 年 12 月 25 日　　单位：元

部 门	会计科目	分配率	分配金额
基本生产车间	制造费用	76%	97 128.00
辅助生产车间	生产成本——辅助	12%	15 336.00
行政管理部门	管理费用	7%	8 946.00
销售部门	销售费用	5%	6 390.00
合 计			¥127 800.00

主管：张立　　复核：张扬　　制表：李佳

(96) 26 日，支出消防罚款。

①

广东省公用事业单位统一收据

2016 年 12 月 26 日　　　　№ 0252126

今收到　广州市鸿星股份有限公司

交　来　消防罚款

人民币（大写）⊗壹万陆仟元整

¥16 000.00

收款单位公章：　　　　收款人签章：张琴

第二联　交对方

经手人：邵兵

②

中国工商银行

支票存根

No. 08322185

附加信息

出票日期：2016 年 12 月 26 日

收款单位（或收款人）	广州市消防局
金　额	¥16 000.00
用　途	消防罚款
备　注：	

签名：贺宁　2016 年 12 月 26 日

单位主管：张立　　　会计：陈晓彤

(97) 26 日，上交五险一金。

①

社会保险费住房公积金申报汇总表

2016 年 12 月 26 日

纳税人编码：			纳税人名称：			
社保管理机构：	广州市社会保障局		税务管理机关：			
单位社保号：	G10028018		税费所属时期：	201611		

	征收品目	工资总额	单位		个人		缴费总金额
			费率	应缴金额	费率	应缴金额	
1	基本养老保险	1 943 800	20%	388 760	8%	155 504	544 264
2	基本医疗保险	1 943 800	10%	194 380	2%	38 876	233 256
3	失业保险	1 943 800	1%	19 438	0. 5%	9 719	29 157
4	工伤保险	1 943 800	0. 5%	9 719			9 719
5	生育保险	1 943 800	1%	19 438			19 438
	小计	1 943 800		631 735		204 099	835 834
6	住房公积金	1 943 800	6%	116 628	6%	116 628	233 256
	合计			748 363		320 727	1 069 090

主管：张立　　复核：李海涛　　制表：李佳

②

中国工商银行
支票存根
No. 08322186

附加信息

出票日期：2016 年 12 月 26 日

收 款 单 位　广州市社保局
（或收款人）
金　　额　¥835 834. 00
用　　途　社保费
备　　注：

签名：李莉 2016 年 12 月 26 日

单位主管：张立　　会计：陈晓彤

③

中国工商银行
支票存根
No. 08322187

附加信息

出票日期：2016 年 12 月 26 日

收 款 单 位　广州市住房
（或收款人）　公积金管理处
金　　额　¥233 256. 00
用　　途　支付住房公积金
备　　注：

签名：李莉 2016 年 12 月 26 日

单位主管：张立　　会计：陈晓彤

(98) 26 日，提现并报销医药费。

①

中国工商银行 支票存根 No. 08322188 附加信息________
出票日期：2016 年 12 月 26 日
收款单位（或收款人）：广州市鸿星股份有限公司 金额：¥35 650.00 用途：提现支付医药费 备注：
签名：李莉 2016 年 12 月 26 日

单位主管：张立　　会计：陈晓彤

②

医药费报销单汇总表

2016 年 12 月 26 日　　单位：元

姓　名	门诊费	住院费	合　计
职　工	17 328.00	18 322.00	35 650.00
合　计	17 328.00	18 322.00	35 650.00

主管：张立　　复核：张扬　　制表：李佳

(99) 26 日，销售材料，收妥货款，并登记材料数量减少。

①

广东增值税专用发票

记　账　联

№ 0066842

开票日期：2016 年 12 月 26 日

购货单位	名称：顺德机电厂 纳税人识别号：433006678811325 地址、电话：顺德区 076588112532 开户行和账号：工商银行顺德区大梁支行 06881800663220921				密码区	8 +06896671 +9〈06612 加密标本号：01 3 + −948 +89 ∗7 −36/88〈/〈 757/5842 +05/29585131　4400011250 4 ∗/2 − +2〉7 +00053932		
货物或应税劳务、服务名称		规格型号	单位	数量	单价	金额	税率	税额
塑料			吨	400	8 500.00	3 400 000.00	17%	578 000.00
合　计						¥3 400 000.00		¥578 000.00
价税合计（大写）		⊗叁佰玖拾柒万捌仟元整				（小写）¥3 978 000.00		
销货单位	名称：广州市鸿星股份有限公司 纳税人识别号：442268620881168 地址、电话：广州市 20881168 开户行和账号：工商银行广州市棠下支行 06653300829033013				备注	广州市鸿星股份有限公司 442268620881168 发票专用章		

第一联 记账联 销货方记账凭证

收款人：郭志杰　　复核：王河　　开票人：伍秋兰　　销货单位：（章）

②

中国工商银行 进 账 单（收账通知）

2016 年 12 月 26 日

收款人	全　称	广州市鸿星股份有限公司	付款人	全　称	顺德机电厂
	账　号	06653300829033013		账　号	06881800663220921
	开户银行	工商银行广州市棠下支行		开户银行	工商银行顺德区大梁支行

人民币（大写）	叁佰玖拾柒万捌仟元整	亿	千	百	十	万	千	百	十	元	角	分
			¥	3	9	7	8	0	0	0	0	0

票据种类	转账	中国工商银行股份有限公司 广州市棠下支行 2016.12.26 办讫 收款人开户行盖章 2016 年 12 月 26 日
票据张数	壹张　　销售材料	
单位主管　会计　复核　记账		

此联银行给收款人的收款通知

③

领　料　单

领用单位：基本生产车间　　2016 年 12 月 26 日　　编号：L208

材料类别	用途	单位	数量		金额	
			请领	实发	单价	金额
塑料	销售	吨	400	400		
合计						

记账：　　复核：　　领料人：黄小艺　　发料人：陈萍

（100）26 日，将本月 2 日赊销收到的重庆万德商场的银行承兑汇票，向银行申请贴现。

贴现凭证（收账通知）　　　　汇票号码

签发日期：贰零壹陆年壹拾贰月贰拾陆日　　　　№ 006916

收款人	全　称	广州市鸿星股份有限公司	贴现汇票	种　类	不带息银行承兑汇票
	账　号	06653300829033013		发票日	2016 年 12 月 2 日
	开户银行	工商银行棠下支行		到期日	2017 年 1 月 31 日
汇票承兑单位（或银行）		建设银行重庆市街口支行	账号	08581106675682236	
汇票金额（贴现金额）	人民币（大写）	柒佰陆拾柒万壹仟陆佰玖拾元整		千 百 十 万 千 百 十 元 角 分	¥ 7 6 7 1 6 9 0 0 0
贴现利率	0.5%	贴现利息	¥38 358.45	实付贴现金额	¥7 633 331.55
上述款项已转入你单位账户 此致 银行（盖章） 2016 年 12 月 26 日			银行审批	同意贴现 2016 年 12 月 26 日	

（印章：中国工商银行股份有限公司 广州市棠下支行 2016.12.26 办讫）

此联银行交收款人的收账通知

（101）27 日，支付番禺燃料厂材料赊购款。超过折扣期付款，未享受现金折扣。

中国工商银行
支票存根
No. 8322189

附加信息________

出票日期：2016 年 12 月 27 日

收款单位（或收款人）：番禺燃料厂
金　额：¥205 920. 00
用　途：材料款
备　注：

签名：林瑶 2016 年 12 月 27 日

单位主管：张立　　　会计：陈晓彤

（102）28 日，厂房外包工程达到预定可使用状态，交付使用。

固定资产建造竣工验收报告单

2016 年 12 月 28 日

名称	生产厂房	规格	——	施工单位	科苑集团
验收工程	外包工程	总造价（元）	3 200 000.00	使用年限	30 年
验收小组意见	工程质量：符合合同质量要求 设备性能： 使用情况：正常				
建造单位意见	同意验收小组意见		使用部门意见	同意验收	

制造单位：　　　　建造单位（章）：

广州市科苑集团 440235152537132 财务专用章

广州市鸿星股份有限公司 42268620882239 财务专用章

（103）28 日，对上月向重庆万德商场的赊销款进行债务重组。

①

债务重组协议书

签发日期：2012 年 12 月 28 日

甲方：广州市鸿星股份有限公司

乙方：重庆万德商场

乙方逾期未归还甲方货款捌佰陆拾捌万陆仟零捌拾元整，现经双方协商，甲方减免乙方债务伍拾万元，其余捌佰壹拾捌万陆仟零捌拾元整立即归还。甲方已经为此笔款项计提坏账准备 434 304 元。

甲方签章：广州市鸿星股份有限公司 合同专用章　　　　乙方签章：重庆万德商场 合同专用章

2016 年 12 月 28 日　　　　2016 年 12 月 28 日

②

中国工商银行 进 账 单（收账通知）

2016 年 12 月 28 日

收款人	全　称	广州市鸿星股份有限公司	付款人	全　称	重庆万德商场
	账　号	06653300829033013		账　号	08581106675682236
	开户银行	工商银行广州市棠下支行		开户银行	建设银行街口支行

		亿	千	百	十	万	千	百	十	元	角	分
人民币（大写）	⊗捌佰壹拾捌万陆仟零捌拾元整		¥	8	1	8	6	0	8	0	0	0

票据种类	转账	债务重组，减免债务 500 000 元，其余立即清偿。 收款人开户行盖章 2016 年 12 月 28 日
票据张数	壹张	
单位主管　会计　复核　记账		

此联银行给收款人的收款通知

中国工商银行股份有限公司 广州市棠下支行 2016.12.28 办讫

（104）28 日，偿还长期借款本金及本年利息。

中国工商银行贷款凭证（支款通知）

2016 年 12 月 28 日

户　名	广州市鸿星股份有限公司		账号	06653300829033013	
借款金额	利率	借款时间	偿还方式	应偿本息	12 月利息
20 000 000. 00	8%	2014/12/28—2016/12/28	每年末付息到期还本	21 600 000. 00	133 333. 35
本息合计人民币（大写）贰仟壹佰陆拾万元整			贷款本息已从你单位结算户如数支付。		
备注	按月计提利息，前 11 个月已计提 1 466 666. 65 元。				

中国工商银行股份有限公司 广州市棠下支行 2016.12.28 办讫

（105）29 日，支付租用店铺本月租金。

①

广东增值税专用发票

抵　扣　联

№　0024892

开票日期：2016 年 12 月 29 日

购货单位	名　　称：广州市鸿星股份有限公司 纳税人识别号：442268620881168 地 址 、电 话：广州市 20881168 开户行和账号：工商银行广州市棠下支行 06653300829033013	密码区	8 +06896671 +9〈06612 加密标本号：01 3 + −948 +89 ∗7 −36/88〈/〈 757/5842 +05/29585131　4400011250 4 ∗/2 − +2〉7 +00053932

货物或应税劳务、服务名称	规格型号	单位	数量	单价	金　额	税率	税额
店铺租金		项	1	100 000. 00	100 000. 00	11%	11 000. 00
合　　计					¥100 000. 00		¥11 000. 00
价税合计（大写）	⊗壹拾壹万壹仟元整				（小写）	¥111 000. 00	

销货单位	名　　称：广州龙江商厦 纳税人识别号：440235152218739 地 址 、电 话：广州市 38822478 开户行和账号：工商银行广州市粤华支行 022876007562977206	备注	广州龙江商厦 440235152218739 发票专用章

收款人：邵锋　　　复核：刘文刚　　　开票人：张海晴　　　销货单位：（章）

第二联 抵扣联 购货方扣税凭证

②

广东增值税专用发票

发　票　联

№　0024892

开票日期：2016 年 12 月 29 日

购货单位	名　　称：广州市鸿星股份有限公司 纳税人识别号：442268620881168 地 址 、电 话：广州市 20881168 开户行和账号：工商银行广州市棠下支行 06653300829033013	密码区	8 +06896671 +9〈06612 加密标本号：01 3 + −948 +89 ∗7 −36/88〈/〈 757/5842 +05/29585131　4400011250 4 ∗/2 − +2〉7 +00053932

货物或应税劳务、服务名称	规格型号	单位	数量	单价	金　额	税率	税额
店铺租金		项	1	100 000. 00	100 000. 00	11%	11 000. 00
合　　计					¥100 000. 00		¥11 000. 00
价税合计（大写）	⊗壹拾壹万壹仟元整				（小写）	¥111 000. 00	

销货单位	名　　称：广州龙江商厦 纳税人识别号：440235152218739 地 址 、电 话：广州市 38822478 开户行和账号：工商银行广州市粤华支行 022876007562977206	备注	广州龙江商厦 440235152218739 发票专用章

收款人：邵锋　　　复核：刘文刚　　　开票人：张海晴　　　销货单位：（章）

第三联 发票联 购货方记账凭证

③

中国工商银行
支票存根
No. 8322190

附加信息________________

出票日期：2016 年 12 月 29 日

收款单位（或收款人）：广州龙江商厦
金　　额：¥111 000.00
用　　途：店铺租金
备　　注：

签名：林清 2016 年 12 月 29 日

单位主管：张立　　　会计：陈晓彤

（106）30 日，支付销售机构租铺装修费，分三年摊销。

①

广东增值税专用发票
抵　扣　联

№ 0032678

开票日期：2016 年 12 月 30 日

购货单位	名　　称：广州市鸿星股份有限公司 纳税人识别号：442268620881168 地 址 、电 话：广州市 20881168 开户行和账号：工商银行广州市棠下支行 06653300829033013				密码区	8 +06896671 +9〈06612 加密标本号：01 3 + −948 +89 ∗7 −36/88〈/〈 757/5842 +05/29585131　4400011250 4 ∗/2 − +2〉7 +00053932		
货物或应税劳务、服务名称	规格型号	单位	数量	单价	金　额	税率	税额	
店铺装修		项	1	360 000.00	360 000.00	11%	39 600.00	
合　　计					¥360 000.00		¥39 600.00	
价税合计（大写）	⊗叁拾玖万玖仟陆佰元整					（小写）¥399 600.00		
销货单位	名　　称：中信装修公司 纳税人识别号：440236627215118 地 址 、电 话：广州市 38860327 开户行和账号：工商银行广州市中信支行 022876007562922389				备注	中信装修公司 440236627215118 发票专用章		

第二联 抵扣联 购货方扣税凭证

收款人：李建军　　　复核：张超　　　开票人：郑凡　　　销货单位：（章）

②

广东增值税专用发票
发 票 联

№ 0032678

开票日期：2016 年 12 月 30 日

购货单位	名　　称：广州市鸿星股份有限公司 纳税人识别号：442268620881168 地 址 、电 话：广州市 20881168 开户行和账号：工商银行广州市棠下支行 06653300829033013				密码区	8＋06896671＋9〈06612 加密标本号：01 3＋－948＋89＊7－36/88〈/〈 757/5842＋05/29585131　4400011250 4＊/2－＋2〉7＋00053932	
货物或应税劳务、服务名称	规格型号	单位	数量	单价	金　额	税率	税额
店铺装修		项	1	360 000. 00	360 000. 00	11%	39 600. 00
合　　计					¥360 000. 00		¥39 600. 00
价税合计（大写）	⊗叁拾玖万玖仟陆佰元整					（小写）	¥399 600. 00
销货单位	名　　称：中信装修公司 纳税人识别号：44023627215118 地 址 、电 话：广州市 38860327 开户行和账号：工商银行广州市中信支行 022876007562922389				备注	中信装修公司 440236627215118 发票专用章	

收款人：李建军　　复核：张超　　开票人：郑凡　　销货单位：（章）

第三联 发票联 购货方记账凭证

③

中国工商银行
支票存根
No. 8322191

附加信息＿＿＿＿＿＿＿＿

出票日期：2016 年 12 月 30 日

收款单位（或收款人）	中信装修公司
金　　额	¥399 600. 00
用　　途	店铺装修费
备　　注	摊销期 3 年

签名：高原 2016 年 12 月 30 日

单位主管：张立　　会计：陈晓彤

（107）31 日，租入办公楼改良费摊销。

长期待摊费用摊销表

2016 年 12 月 31 日　　单位：元

项　目	支付日期	金额	摊销期限	月摊销额
租入办公楼改良费	2015. 12. 28	175 200	两年	7 300
合　　计				7 300

主管：张立　　复核：张扬　　制表：李佳

（108）31 日，无形资产摊销。

无形资产摊销表

2016 年 12 月 31 日　　单位：元

项　目	购入日期	原价	摊销期限	月摊销额
专利权	2015. 08. 01	480 000	8 年	5 000. 00
专有技术	2016. 12. 09	180 000	5 年	3 000. 00
合　计				8 000. 00

主管：张立　　复核：张扬　　制表：李佳

（109）31 日，应计债券利息及债券折价摊销。2014 年 1 月 1 日发行 5 年期债券 1 000 000 元，票面利率 5%，实际利率 6%，发行收入为：957 600 元。每年 1 月 10 日付息一次，到期一次还本。采用实际利率法核算。

债券利息调整摊销表

2016 年 12 月 31 日　　单位：元

时　间	票面利息（5%）	实际利息（6%）	利息调整	期末摊余成本
2014. 01. 01	—	—	—	957 600
2014. 12. 31	50 000	57 456	-7 456	965 056
2015. 12. 31	50 000	57 903	-7 903	972 959
2016. 12. 31	50 000	58 378	-8 378	981 337
2017. 12. 31	50 000	58 880	-8 880	990 217
2018. 12. 31	50 000	59 783	-9 783	1 000 000
合　计	250 000	292 400	-42 400	—

主管：张立　　复核：张扬　　制表：李佳

（110）31 日，分配工资费用。

①

应付职工薪酬结算汇总表

2016 年 12 月 31 日　　　　单位：元

部　门	应发工资				代扣款项						实发工资
	岗位工资	奖金	津贴	合计	医疗保险 2%	养老保险 8%	失业保险 0.5%	住房公积金 6%	个人所得税	合计	
基本生产车间											
挂壁式空调	489 700	119 200	90 900	699 800	13 996	55 984	3 499	41 988	6 720	122 187	577 613
立柜式空调	326 500	79 400	60 600	466 500	9 330	37 320	2 332.5	27 990	4 486	81 458.5	385 041.5
小　计	816 200	198 600	151 500	1 166 300	23 326	93 304	5 831.5	69 978	11 206	203 645.5	962 654.5
辅助生产车间	108 700	26 400	20 300	155 400	3 108	12 432	777	9 324	1 445	27 086	128 314
车间管理部门	84 420	20 500	15 680	120 600	2 412	9 648	603	7 236	1 084	20 983	99 617
销售部门	70 200	17 040	13 060	100 300	2 006	8 024	501.5	6 018	867.6	17 417.1	82 882.9
企业管理部门	280 800	68 160	52 240	401 200	8 024	32 096	2 006	24 072	3 470.4	69 668.4	331 531.6
合　计	1 360 320	330 700	252 780	1 943 800	38 876	155 504	9 719	116 628	18 073	338 800	1 605 000

主管：张立　　　　复核：张扬　　　　制表：李佳

②

工资费用分配表

2016 年 12 月 31 日　　　　单位：元

分配对象		分配金额
基本生产车间	挂壁式空调	
	立柜式空调	
	小计	
辅助生产车间		
车间管理部门		
销售部门		
企业管理部门		
合　计		

主管：张立　　　　复核：张扬　　　　制表：李佳

(111) 31 日，计提社会保险费及住房公积金。

社会保险费及住房公积金计算表

2016 年 12 月 31 日　　单位：元

部　门	计提基数	医疗保险 10%	养老保险 20%	失业保险 1%	工伤保险 0.5%	生育保险 1%	住房公积金 6%	合计
基本生产车间								
挂壁式空调	699 800	69 980	139 960	6 998	3 499	6 998	41 988	269 423
立柜式空调	466 500	46 650	93 300	4 665	2 332.5	4 665	27 990	179 602.5
小　计	1 166 300	116 630	233 260	11 663	5 831.5	11 663	69 978	449 025.5
辅助生产车间	155 400	15 540	31 080	1 554	777	1 554	9 324	59 829
车间管理部门	120 600	12 060	24 120	1 206	603	1 206	7 236	46 431
销售部门	100 300	10 030	20 060	1 003	501.5	1 003	6 018	38 615.5
企业管理部门	401 200	40 120	80 240	4 012	2 006	4 012	24 072	154 462
小计	1 943 800	194 380	388 760	19 438	9 719	19 438	116 628	748 363
个人负担部分	1 943 800	38 876	155 504	9 719			116 628	320 727
合计		233 256	544 264	29 157	9 719	19 438	233 256	1 069 090

主管：张立　　复核：张扬　　制表：李佳

(112) 31 日，计提福利费、工会经费及职工教育经费。

福利费、工会经费及职工教育经费计提表

2016 年 12 月 31 日　　单位：元

部　门	计提基数	职工福利费 3%	工会经费 2%	职工教育经费 1.5%	合　计
基本生产车间					
挂壁式空调	699 800				
立柜式空调	466 500				
小　计	1 166 300				
辅助生产车间	155 400				
车间管理部门	120 600				
销售部门	100 300				
企业管理部门	401 200				
合　计	1 943 800				

主管：张立　　复核：张扬　　制表：李佳

（113）31 日，计提折旧。

固定资产折旧费用计算表

2016 年 12 月 31 日　　　　单位：元

部门	类别	原值	月折旧率	月折旧额	合计
基本生产车间	房屋建筑物	15 750 000.00	0.3%	47 250.00	173 130.00
	机器设备	10 490 000.00	1.2%	125 880.00	
辅助生产车间	房屋建筑物	857 000.00	0.3%	2 571.00	15 141.00
	机器设备	1 047 500.00	1.2%	12 570.00	
厂部	房屋建筑物	12 700 000.00	0.3%	38 100.00	132 666.00
	机器设备	7 880 500.00	1.2%	94 566.00	
销售部门	机器设备	1 207 000.00	1.2%	14 484.00	14 484.00
合计		49 932 000.00			335 421.00

主管：张立　　　　复核：张扬　　　　制表：李佳

（114）31 日，计提坏账准备，按应收账款、其他应收款余额的 5% 计提。

坏账准备计提计算表

2016 年 12 月 31 日　　　　单位：元

项　目	账面余额	计提比例	应计提数	账面已提数	本期补提（冲销）数
应收账款	6 863 920.00	5%			
其他应收款	35 900.00	5%			
合　计	6 899 820.00				

主管：张立　　　　复核：张扬　　　　制表：李佳

（115）31 日，交易性金融资产公允价值变动。

交易性金融资产公允价值变动表

2016 年 12 月 31 日　　　　单位：元

项　目	成　本	公允价值	前期变动金额	本期变动金额
股　票	4 450 000.00	4 950 000.00		
合　计				

主管：张立　　　　复核：张扬　　　　制表：李佳

（116）31 日，对外投资按权益法核算确认应享有的投资收益、其他综合收益。

①

投资收益计算表

2016 年 12 月 31 日　　单位：元

对外投资单位	股权比例	全年净利润	确认投资收益
华盛有限公司	25%	960 000.00	240 000.00
合　计			240 000.00

主管：张立　　复核：张扬　　制表：李佳

②

其他综合收益计算表

2016 年 12 月 31 日　　单位：元

对外投资单位	股权比例	可供出售金融资产公允价值变动	确认其他综合收益
华盛有限公司	25%	200 000.00	50 000.00
合　计			50 000.00

主管：张立　　复核：张扬　　制表：李佳

（117）31 日，应收债券利息。2014 年 1 月 1 日购入 4 年期、票面利率为 6% 的国库券，债券面值为 300 000 元，实际支付 310 755 元，市场利率为 5%。债券每年 1 月 5 日付息一次，到期一次还本。（实际利率法，保留整数）

债券利息调整摊销表

2016 年 12 月 31 日　　单位：元

时　间	票面利息（6%）	实际利息（5%）	利息调整	期末摊余成本
2014.01.01	—		—	
2014.12.31				
2015.12.31				
2016.12.31				
2017.12.31				
合 计				

主管：张立　　复核：张扬　　制表：李佳

（118）31 日，融资租赁固定资产。利率为 12%、期数为 8 的年金现值系数：4.967 6。

①

融资租赁协议书

租入单位：广州市鸿星股份有限公司　　　　租出单位：华茂集团公司

租赁标的物：生产线

公允价值：2016 年 12 月 31 日的公允原值是 1 400 万元，尚可使用 10 年。

租赁期：2016 年 12 月 31 日至 2024 年 12 月 31 日，共 8 年。

租金支付：每年年末支付 300 万元，应付租赁款共计 2 400 万元。

折现率：按年率 12% 计算。

租赁期满时，生产线的所有权转移给租入单位。

租入单位：张勇 赵民　　　　租出单位：程前

2016 年 12 月 31 日　　　　2016 年 12 月 31 日

广州市鸿星股份有限公司 合同专用章　　　　华茂集团公司 合同专用章

②

固定资产融资租赁转移单

租入单位：广州市鸿星股份有限公司　　2016 年 12 月 31 日　　租出单位：华茂集团公司

名称	规格	单位	数量	设备价款	租赁金额	预计使用年限	租入年限
生产线	L－001	条	1	14 000 000	24 000 000	10	8
合计				14 000 000	24 000 000		

租入单位：　　　　租出单位：

广州市鸿星股份有限公司 42268620882239 财务专用章　　　　华茂集团公司 财务专用章

（119）31 日，根据发料单汇总填制“原材料发出汇总表”和“周转材料发出汇总表”，结转发出材料计划成本。

①

原材料发出汇总表

2016 年 12 月 31 日

领料部门	铝材（10 000.00 元/吨）		钢板（2 800.00 元/吨）		塑料（8 000.00 元/吨）		燃料（1 800.00 元/吨）		合 计
	数量	计划成本	数量	计划成本	数量	计划成本	数量	计划成本	
生产挂壁式空调									
生产立柜式空调									
辅助生产车间耗用									
销售									
合 计									

主管：张立　　复核：张扬　　制表：李佳

②

周转材料发出汇总表

2016 年 12 月 31 日

领料部门	包装物（80.00 元/件）		低值易耗品（260.00 元/件）		合 计
	数量	计划成本	数量	计划成本	
生产车间一般耗用					
合 计					

主管：张立　　复核：张扬　　制表：李佳

（120）31 日，计算材料成本差异率，结转发出材料成本差异。

①

材料成本差异率计算表

2016 年 12 月 31 日　　单位：元

类 别	月初成本差异	本月收料差异	月初计划成本	本月收料计划成本	成本差异率（保留四位小数）
原材料					-1.2%
周转材料					+1.5%
合 计					

主管：张立　　复核：张扬　　制表：李佳

②

材料成本差异计算表

2016 年 12 月 31 日

领料部门	原材料（-1.2%）		周转材料（+1.5%）		合 计
	计划成本	成本差异	计划成本	成本差异	
生产挂壁式空调					
生产立柜式空调					
辅助生产车间耗用					
生产车间一般耗用					
销售					
合 计					

主管：张立　　　　复核：张扬　　　　制表：李佳

（121）31 日，分配辅助生产成本，假定只有基本生产车间一个受益部门，辅助生产成本只在两种产品之间按生产工时进行分配，挂壁式空调工时 2 400 小时，立柜式空调工时 1 600 小时。

辅助生产成本分配表

2016 年 12 月 31 日　　　　单位：元

辅助生产成本	分配对象		分配标准（工时）	分配率	分配金额
	总分类账户	明细分类账户			
合 计					

主管：张立　　　　复核：张扬　　　　制表：李佳

（122）31 日，分配制造费用，在两种产品之间按生产工时比例进行分配。

制造费用分配表

2016 年 12 月 31 日　　　　单位：元

制造费用金额	分配对象		分配标准（工时）	分配率	分配金额
	总分类账户	明细分类账户			
合 计					

主管：张立　　　　复核：张扬　　　　制表：李佳

（123）31 日，采用定额成本法，计算产品生产成本，结转完工产品成本。

①

在产品成本计算表

2016 年 12 月 31 日

单位：元

在产品品种	数量	完工程度	在产品成本				
			直接材料	直接人工	制造费用	其他	合计
挂壁式空调	2 650	60%	3 593 192.00	756 280.00	660 507.20	481 232.00	5 491 211.20
立柜式空调	2 100	60%	2 075 898.00	206 665.00	215 134.80	104 369.00	2 602 066.80
合计	4 750	—	5 669 090.00	962 945.00	875 642.00	585 601.00	8 093 278.00

主管：张立　　复核：张扬　　制表：李佳

②

产品成本计算表

2016 年 12 月 31 日

品种：挂壁式空调　　完工产量：3 180 台　月末在产品产量：2 650 台

成本项目	直接材料	直接人工	制造费用	其他	合计
期初在产品成本					
本月生产费用					
生产费用合计					
完工产品成本	6 321 840.00	1 100 280.00	1 036 680.00	445 200.00	8 904 000.00
完工产品单位成本	1 988.00	346.00	326.00	140.00	2 800.00
月末在产品成本					

主管：张立　　复核：张扬　　制表：李佳

③

产品成本计算表

2016 年 12 月 31 日

品种：立柜式空调　　完工产量：2 860　月末在产品产量：2 100

成本项目	直接材料	直接人工	制造费用	其他	合计
期初在产品成本					
本月生产费用					
生产费用合计					
完工产品成本	5 279 560.00	966 680.00	817 960.00	371 800.00	7 436 000.00
完工产品单位成本	1 846.00	338.00	286.00	130.00	2 600.00
月末在产品成本					

主管：张立　　复核：张扬　　制表：李佳

④

完工产品成本计算表

2016 年 12 月 31 日

完工品种	完工数量	完工成本	单位成本
挂壁式空调			
立柜式空调			
合　　计			

主管：张立　　　　复核：张扬　　　　制表：李佳

（124）31 日，采用加权平均法，计算并结转产品销售成本。

产品销售成本计算表

2016 年 12 月 31 日　　　　单位：元

项　　目	挂壁式空调			立柜式空调			合计
	数量	单价	金额	数量	单价	金额	
月初库存产品	4 821	2 500.00	12 052 500.00	3 640	2 200.00	8 008 000.00	20 060 500.00
加：盘盈（减盘亏）	-1	2 500.00	-2 500.00				-2 500.00
月初库存余额	4 820	2 500.00	12 050 000.00	3 640	2 200.00	8 008 000.00	20 058 000.00
本月完工入库产品	3 180						
合计（加权平均）	8 000						
本月销售（减销售退回）	3 998						
本月委托代销产品	2 000						
月末库存产品	2 002						

主管：张立　　　　复核：张扬　　　　制表：李佳

(125) 31 日，计算并转出应交增值税，计交城市维护建设税、教育费附加。

①

应交增值税计算表

2016 年 12 月 31 日　　单位：元

项 目	当期销项税额	当期进项税额（可抵扣部分）	进项税额转出	进项税额期初余额	应交增值税
金 额					
合 计					

主管：张立　　复核：张扬　　制表：李佳

②

应交城市维护建设税及教育费附加计算表

2016 年 12 月 31 日　　单位：元

项 目	计税基数		税率	税金及附加	合 计
	增值税	消费税			
城建税			7%		
教育费附加			3%		
合 计					

主管：张立　　复核：张扬　　制表：李佳

(126) 31 日，计提存货跌价准备、固定资产减值准备。

①

存货跌价准备计提表

2016 年 12 月 31 日　　单位：元

项 目	账面价值	可变现净值	应提金额	账面已提	本期计提
原材料	17 989 424.00	17 947 424.00			
周转材料	1 306 508.00	1 500 000.00			
库存商品	10 936 634.50	10 886 634.50			
合 计					

主管：张立　　复核：张扬　　制表：李佳

②

固定资产减值准备计提表

2016 年 12 月 31 日　　单位：元

项 目	账面价值	可收回金额	应提金额	账面已提	本期计提
综合计提	46 209 871.00	46 009 871.00			
合 计	46 209 871.00	46 009 871.00			

主管：张立　　复核：张扬　　制表：李佳

（127）31 日，结转损益类账户。

本月损益类账户发生额汇总表

2016 年 12 月 31 日　　单位：元

账户名称	借方金额	贷方金额
主营业务收入		
其他业务收入		
投资收益		
公允价值变动损益		
营业外收入		
资产处置损益		
合　计		
主营业务成本		
其他业务成本		
税金及附加		
销售费用		
管理费用		
财务费用		
资产减值损失		
营业外支出		
合　　计		

主管：张立　　复核：张扬　　制表：李佳

（128）31 日，纳税调整（前 11 个月无纳税调整事项），计交所得税，并结转所得税费用。

所得税计算表

2016 年 12 月 31 日　　单位：元

项　　目	金　　额
一、全年利润总额：	
1. 本月利润总额	5 301 068.00
2. 11 月末累计利润总额	21 728 217.00
合　计	27 029 285.00
二、纳税调整增加额：	
1. 违法经营罚款和被没收财物损失	
2. 非公益性捐赠（通过非公益性组织的捐赠）	

（续上表）

项　　目	金　　额
3. 计提坏账准备（或冲减坏账准备）	
4. 计提存货跌价准备	
5. 计提固定资产减值准备	
三、纳税调整减少额：	
1. 权益法确认的投资收益	
2. 国库券利息收入	
3. 交易性金融资产公允价值变动	
四、全年应纳税所得额	
五、全年应纳所得税额	
六、1—11 月已预交	5 500 000.00
七、本月应纳所得税额	
八、递延所得税资产：	
可抵扣暂时性差异	635 196.00
递延所得税资产期末余额	
递延所得税资产期初余额	
本期递延所得税资产	
九、递延所得税负债：	
应纳税暂时性差异	500 000.00
递延所得税负债期末余额	
递延所得税负债期初余额	
本期递延所得税负债	
十、12 月所得税费用	
十一、全年净利润	

主管：张立　　　　复核：张扬　　　　制表：李佳

（129）31 日，计提法定盈余公积、任意盈余公积，分配股利。留存收益按当年净利润为计提基数计提；股利分配按当年计提留存收益后的净利润加上年初未分配利润为分配基数，按 40% 予以分配。

利润分配计算表

2016 年 12 月 31 日　　　　单位：元

项　　目	金　　额
一、全年净利润额	
二、计提留存收益（15%）	
其中：1. 提取法定盈余公积（10%）	
2. 提取法定公益金（ 5%）	
三、年初未分配利润	
三、可供分配利润	
五、分配投资者利润（按可供分配利润的 40% 分配）	
其中：国家股（53%）	
法人股（16%）	
社会公众股（31%）	
六、年末未分配利润	

主管：张立　　　　复核：张扬　　　　制表：李佳

（130）年末结转“本年利润”账户及“利润分配”账户。

第四部分 模拟实训凭证

一、实训需用材料

1. 记账凭证：收款凭证 25 张、付款凭证 60 张、转账凭证 100 张。
2. 科目汇总表：5 张。
3. 总账：1 本（100 页）。
4. 日记账：库存现金日记账 1 张（2 页）、银行存款日记账 3 张（6 页）。
5. 三栏式明细账：1 本。
6. 数量金额式明细账（计划成本法）：4 张（8 页）。适用：原材料、周转材料明细账。
7. 数量金额式明细账（实际成本法）：3 张（6 页）。适用：库存商品、发出商品明细账。
8. 应交税费—应交增值税明细账：4 张（3 页）。
9. 七栏明细账：3 张（6 页）。适用：基本生产成本、辅助生产成本。
10. 十七栏明细账：7 张（6 页）。适用：辅助生产成本、制造费用、管理费用、销售费用明细账。
11. 发生额及余额试算平衡表：5 张。
12. 记账凭证封面：2 张。
13. 财务报表封面：1 张。
14. 资产负债表、利润表、现金流量表、所有者权益变动表：各 1 张。

二、实训用材料格式（样本）

记 账 凭 证

年　　月　　日　　　　　　　　字第　　号

摘　　要	会　计　科　目		借方金额	贷方金额	记账√
	总 账 科 目	明 细 科 目			
附件　　　张	合　　　计				

会计主管：　　记账：　　出纳：　　审核：　　制证：

收 款 凭 证

借方科目：　　　　　　　　年　月　日　　　　　　字第　号

摘　要	会计科目		借方金额	贷方金额	记账√
	总账科目	明细科目			
附件　张	合　计				

会计主管：　记账：　出纳：　审核：　制证：

付 款 凭 证

贷方科目：　　　　　　　　年　月　日　　　　　　字第　号

摘　要	会计科目		借方金额	贷方金额	记账√
	总账科目	明细科目			
附件　张	合　计				

会计主管：　记账：　出纳：　审核：　制证：

转 账 凭 证

年　月　日　　　　　　字第　号

摘　要	会计科目		借方金额	贷方金额	记账√
	总账科目	明细科目			
附件　张	合　计				

会计主管：　记账：　出纳：　审核：　制证：

凭证　　号至　　号共　　张
凭证　　号至　　号共　　张
凭证　　号至　　号共　　张

科目汇总表

编号：　　　　　　　　　　　　年　月　日至　日

会计科目	本期发生额																								
	借方金额											√	贷方金额											√
	亿	千	百	十	万	千	百	十	元	角	分		亿	千	百	十	万	千	百	十	元	角	分	

会计主管　　　　　　　　记账　　　　　　　　审核　　　　　　　　制表

总　账

总页码	
本户页次	

会计科目名称及编号

年		凭证编号	摘要	借方											贷方											借或贷	余额										
月	日			亿	千	百	十	万	千	百	十	元	角	分	亿	千	百	十	万	千	百	十	元	角	分		亿	千	百	十	万	千	百	十	元	角	分

库存现金　日　记　账

第______页

年		凭证编号	摘要	对方科目	票号	借方											贷方											借或贷	余额											√
月	日					亿	千	百	十	万	千	百	十	元	角	分	亿	千	百	十	万	千	百	十	元	角	分		亿	千	百	十	万	千	百	十	元	角	分	

银行存款 日 记 账

第______页

年		凭证编号	摘要	对方科目	票号	借方											贷方											借或贷	余额											√
月	日					亿	千	百	十	万	千	百	十	元	角	分	亿	千	百	十	万	千	百	十	元	角	分		亿	千	百	十	万	千	百	十	元	角	分	

明 细 账

账户名称______________________

账号	总页码
页次	

年		凭证编号	摘要	借(增加)方											贷(减少)方											借或贷	余额											核对
月	日			亿	千	百	十	万	千	百	十	元	角	分	亿	千	百	十	万	千	百	十	元	角	分		亿	千	百	十	万	千	百	十	元	角	分	

最高存量：
最低存量：

账号	总页码
页次	

原材料（周转材料） 明 细 账

类别：________ 规格：________ 单位：________ 存放地点：________ 计划单价：________ 编号：________

年		凭证编号	摘要	实际单价		收入数量										发出数量										结存																		核对号
月	日																									数量									金额									
						千	百	十	万	千	百	十	单	小数		千	百	十	万	千	百	十	单	小数		千	百	十	万	千	百	十	单	小数	千	百	十	万	千	百	十	单	小数	

最高存量：
最低存量：

库存商品 明 细 账

账号	总页码
页次	

品名：________ 类别：________ 存放地点：________ 规格：________ 编号：________

年		凭证编号	摘要	借（收入）方													贷（发出）方													借或贷	余（结存）额													核对号
月	日			数量	单价	金额											数量	单价	金额												数量	单价	金额											
						亿	千	百	十	万	千	百	十	元	角	分			亿	千	百	十	万	千	百	十	元	角	分				亿	千	百	十	万	千	百	十	元	角	分	

账号	总页码
页次	

应交税金(增值税)　　明　细　账

年		凭证号数	摘　要	借　方				贷　方				借或贷	余　额
月	日			合计	进项税额	已交税金	转出未交增值税	合计	销项税额	进项税额转出	转出多交增值税		

账号	总页码
页次	

生产成本——基本生产成本　明　细　账

生产车间或产品名称：

年		凭证号数	摘　要	合　计	借　方(成本项目)			
月	日				直接材料	直接人工	制造费用	其　他

账号		总页码
页次		

生产成本——辅助生产成本　明 细 账

年		凭证号数	摘　要	合　计	借　方											
月	日				咨询费	材料费	工资	社保费	福利费	水电费	折旧费					

制造费用　明　细　账

账号	总页码
页次	

年		凭证号数	摘要	合计	借方											
月	日				办公费	工资	社保费	福利费	折旧费	修理费	水电费	材料费	劳保费			

账号	总页码
页次	

管理费用　明　细　账

年		凭证号数	摘　　要	合　计	借　　　　方											
月	日				办公费	人工费	材料费	排污费	法律费	租金	水电费	折旧费	差旅费	摊销费	招待费	其他

销售费用 明 细 账

账号	总页码
页次	

年		凭证号数	摘　要	合　计	借　　方											
月	日				广告费	人工费	工资	社保费	福利费	租金	水电费	折旧费				

试算平衡表

年　　月　　日　　　　　　　　　　　　单位：元

总账科目	期初余额		本期发生额		期末余额	
	借　方	贷方	借　方	贷方	借　方	贷方

资产负债表

会企 01 表

制表单位： 年 月 日 单位：元

资　产	期末余额	年初余额	负债和所有者权益（或股东权益）	期末余额	年初余额
流动资产：			流动负债：		
货币资金			短期借款		
交易性金融资产			交易性金融负债		
应收票据			应付票据		
应收账款			应付账款		
预付账款			预收账款		
应收股利			应付职工薪酬		
应收利息			应交税费		
其他应收款			应付利息		
存货			应付股利		
持有待售资产			其他应付款		
一年内到期的非流动资产			持有待售负债		
其他流动资产			一年内到期的非流动负债		
流动资产合计			其他流动负债		
非流动资产：			流动负债合计		
可供出售金融资产			非流动负债：		
持有至到期投资			长期借款		
长期股权投资			应付债券		
投资性房地产			长期应付款		
长期应收款			专项应付款		
固定资产			预计负债		
在建工程			递延收益		
工程物资			递延所得税负债		
固定资产清理			其他非流动负债		
生产性生物资产			非流动负债合计		
油气资产			负债合计		
无形资产			所有者权益（或股东权益）		
开发支出			实收资本（或股本）		
商誉			资本公积		
长期待摊费用			减：库存股		
递延所得税资产			其他综合收益		
待处理财产损溢			盈余公积		
其他非流动资产			未分配利润		
非流动资产合计			所有者权益（或股东权益）合计		
资产总计			负债和所有者权益（或股东权益）总计		

利润表

会企02表

编制单位： 年 月份 单位：元

项　　目	本期金额	上期金额
一、营业收入		
减：营业成本		
税金及附加		
销售费用		
管理费用		
财务费用		
资产减值损失		
加：公允价值变动净收益（损失以“-”号填列）		
投资收益（损失以“-”号填列）		
其中：对联营企业和合营企业的投资收益		
资产处置收益（损失以“-”号填列）		
其他收益		
二、营业利润（损失以“-”号填列）		
加：营业外收入		
减：营业外支出		
三、利润总额（亏损总额以“-”号填列）		
减：所得税费用		
四、净利润（净亏损以“-”号填列）		
（一）持续经营净利润（净亏损以“-”号填列）		
（二）终止经营净利润（净亏损以“-”号填列）		
五、其他综合收益的税后净额		
（一）以后不能重分类进损益的其他综合收益		
（二）以后将重分类进损益的其他综合收益		
1. 权益法下在被投资单位以后将重分类进损益的其他综合收益中享有的份额		
2. 可供出售金融资产公允价值变动损益		
3. 持有至到期投资重分类为可供出售金融资产损益		
六、综合收益总额		
七、每股收益		
（一）基本每股收益		
（二）稀释每股收益		

现金流量表

会企 03 表

编制单位：　　　　　　　　年　月份　　　　　　　　单位：元

项　目	本期金额	上期金额
一、经营活动产生的现金流量：		
销售商品、提供劳务收到的现金		
收到的税费返还		
收到的其他与经营活动有关的现金		
经营活动现金流入小计		
购买商品、接受劳务支付的现金		
支付给职工以及为职工支付的现金		
支付的各项税费		
支付的其他与经营活动有关的现金		
经营活动现金流出小计		
经营活动产生的现金流量净额		
二、投资活动产生的现金流量：		
收回投资所收到的现金		
取得投资收益所收到的现金		
处置固定资产、无形资产和其他长期资产收回的现金净额		
处置子公司及其他营业单位收到的现金净额		
收到其他与投资活动有关的现金		
投资活动现金流入小计		
购建固定资产、无形资产和其他长期资产支付的现金		
投资支付的现金		
取得子公司及其他营业单位支付的现金净额		
支付其他与投资活动有关的现金		
投资活动现金流出小计		
投资活动产生的现金流量净额		
三、筹资活动产生的现金流量：		
吸收投资所收到的现金		
取得借款收到的现金		
收到其他与筹资活动有关的现金		
筹资活动现金流入小计		
偿还债务支付的现金		
分配股利、利润或偿付利息支付的现金		
支付的其他与筹资活动有关的现金		
筹资活动现金流出小计		
筹资活动产生的现金流量净额		
四、汇率变动对现金及现金等价物的影响		

（续上表）

项　　目	本期金额	上期金额
五、现金及现金等价物净增加额		
加：期初现金及现金等价物余额		
六、期末现金及现金等价物余额		

补充资料	本期金额	上期金额
1. 将净利润调节为经营活动现金流量：		
净利润		
加：计提的资产减值准备		
固定资产折旧、油气资产折耗、生产性生物资产折旧		
无形资产摊销		
长期待摊费用摊销		
处置固定资产、无形资产和其他长期资产的损失（收益以“－”号填列）		
固定资产报废损失（收益以“－”号填列）		
公允价值变动损失（收益以“－”号填列）		
财务费用（收益以“－”号填列）		
投资损失（收益以“－”号填列）		
递延所得税资产减少（增加以“－”号填列）		
递延所得税负债增加（减少以“－”号填列）		
存货的减少（增加以“－”号填列）		
经营性应收项目的减少（增加以“－”号填列）		
经营性应付项目的增加（减少以“－”号填列）		
其他		
经营活动产生的现金流量净额		
2. 不涉及现金收支的重大投资和筹资活动：		
债务转为资本		
一年内到期的可转换公司债券		
融资租入固定资产		
3. 现金及现金等价物净变动情况：		
现金的期末余额		
减：现金的期初余额		
加：现金等价物的期末余额		
减：现金等价物的期初余额		
现金及现金等价物净增加额		

所有者权益变动表

会企 04 表

编制单位：　　　　　　　　______年度　　　　　　　　单位：元

项目	本年金额						上年金额					
	实收资本（股本）	资本公积	减：库存股	盈余公积	未分配利润	所有者权益合计	实收资本（股本）	资本公积	减：库存股	盈余公积	未分配利润	所有者权益合计
一、上年年末余额												
加：会计政策变更												
前期差错更正												
二、本年年初余额												
三、本年增减变动金额（减少以“－”号填列）												
（一）净利润												
（二）直接计入所有者权益的利得和损失												
1. 可供出售金融资产公允价值变动净额												
2. 权益法下被投资单位其他所有者权益变动的影响												
3. 与计入所有者权益项目相关的所得税影响												
4. 其他												
上述（一）和（二）小计												

（续上表）

项目	本年金额						上年金额					
	实收资本（股本）	资本公积	减：库存股	盈余公积	未分配利润	所有者权益合计	实收资本（股本）	资本公积	减：库存股	盈余公积	未分配利润	所有者权益合计
（三）所有者投入资本和减少资本												
1. 所有者投入资本												
2. 股份支付计入所有者权益的金额												
3. 其他												
（四）利润分配												
1. 提取盈余公积												
2. 对所有者（或股东）的分配												
3. 其他												
（五）所有者权益内部结构												
1. 资本公积转增资本（或股本）												
2. 盈余公积转增资本（或股本）												
3. 盈余公积弥补亏损												
4. 其他												
四、本年年末余额												

附 录
模拟实训参考答案

(1) 借：管理费用——办公费　付1
制造费用——办公费
贷：库存现金

(2) 借：其他货币资金——外埠存款　付2
贷：银行存款

(3) 借：其他货币资金——银行汇票存款　付3
贷：银行存款

(4) 借：其他应收款——备用金　付4
贷：库存现金

(5) 借：材料采购——钢板　转1
应交税费——应交增值税（进项税额）
贷：其他货币资金——银行汇票存款

(6) 借：原材料——钢板　转2
贷：材料采购——钢板
材料成本差异——原材料成本差异
登记原材料数量增加

(7) 借：银行存款　收1
贷：其他货币资金——银行汇票存款

(8) 借：应收账款——代垫运费　付5
贷：银行存款
登记库存商品数量减少

(9) 借：库存现金　收2
贷：其他应收款——黄俊

(10) 借：银行存款　收3
贷：应收账款——中山大润发

(11) 借：应收票据——重庆万德商场　转3
贷：主营业务收入——挂壁式空调
——立柜式空调
应交税费——应交增值税（销项税额）
登记库存商品数量减少

(12) 基本生产车间领料，辅助生产车间领料
登记原材料数量减少

(13) 借：预付账款——待摊报刊费　付6
贷：银行存款

(14) 借：其他应收款——王滨　付7
贷：银行存款

(15) 借：管理费用——材料费　付8
贷：库存现金
无发票到货，暂时不做材料账

(16) 借：应收账款——佛山国美公司　转4
贷：主营业务收入——挂壁式空调
应交税费——应交增值税（销项税额）
应收账款——代垫运费

(17) 借：预付账款——湖南力强钢板公司　付9
贷：银行存款

(18) 借：材料采购——钢板　转5
应交税费——应交增值税（进项税额）
贷：其他货币资金——外埠存款

(19) 借：原材料——钢板　转6
材料成本差异——原材料成本差异
待处理财产损溢
贷：材料采购——钢板
应交税费——应交增值税（进项税额转出）
登记原材料数量增加

(20) 借：银行存款　收4
贷：其他货币资金——外埠存款

续上表

（21）借：材料采购——低值易耗品 付 10 ——包装物 应交税费——应交增值税（进项税额） 贷：银行存款	（30）借：材料采购——塑料 付 13 应交税费——应交增值税（进项税额） 贷：银行存款
（22）借：周转材料——包装物 转 7 贷：材料采购——包装物 材料成本差异——周转材料成本差异 登记包装物数量增加	（31）借：原材料——塑料 转 12 贷：材料采购——塑料 材料成本差异——原材料 登记原材料数量增加
（23）借：周转材料——低值易耗品 转 8 材料成本差异——周转材料 贷：材料采购——低值易耗品 登记低值易耗品数量增加	（32）借：其他应收款——铁路部门 转 13 贷：待处理财产损溢
（24）基本生产车间领用包装物，登记包装物数量减少 基本生产车间领用工具，登记低值易耗品数量减少	（33）借：交易性金融资产——成本 转 14 应收股利 投资收益 贷：其他货币资金——存出投资款
（25）借：制造费用——劳保费 付 11 贷：银行存款	（34）借：固定资产清理 转 15 累计折旧 贷：固定资产 借：长期股权投资——永昌家电（投资成本） 转 16 贷：固定资产清理 应交税费——应交增值税（销项税额）
（26）借：管理费用——差旅费 转 9 、收 5 库存现金 贷：其他应收款——王滨	（35）借：持有至到期投资——面值 转 17 ——利息调整 贷：其他货币资金——存出投资款
（27）借：材料采购——铝材 转 10 应交税费——应交增值税（进项税额） 贷：应付票据——大沥铝材公司	（36）借：待处理财产损溢 转 18 贷：库存商品——挂壁式空调 应交税费——应交增值税（进项税额转出） 借：其他应收款——保管员 转 19 管理费用——存货盘亏 贷：待处理财产损溢
（28）借：原材料——铝材 转 11 贷：材料采购——铝材 材料成本差异——原材料成本差异 登记原材料数量增加	（37）借：在建工程——外包工程 付 14 应交税费——应交增值税（进项税额） 贷：银行存款
（29）借：材料采购——钢板 付 12 应交税费——应交增值税（进项税额） 贷：银行存款 拒付部分价款，其余收妥	

续上表

（38）借：固定资产——车床 CH－02　付 15、转 21 应交税费——应交增值税（进项税额） 贷：固定资产清理 应交税费——应交增值税（销项税额） 银行存款 借：固定资产清理　转 20 累计折旧 贷：固定资产——车床 CC－01
（39）借：固定资产清理　转 22 累计折旧 贷：固定资产
（40）借：固定资产清理　付 16 贷：库存现金
（41）借：原材料——残料　转 23 贷：固定资产清理
（42）借：营业外支出——固定资产报废　转 24 贷：固定资产清理
（43）借：固定资产　转 25 贷：以前年度损益调整 借：以前年度损益调整　转 26 贷：应交税费——应交所得税 借：以前年度损益调整　转 27 贷：利润分配——未分配利润 借：利润分配——未分配利润　转 28 贷：盈余公积——法定盈余公积 ——任意盈余公积
（44）借：制造费用——维修费　付 17 应交税费——应交增值税（销进税额） 贷：银行存款
（45）借：银行存款　收 6、转 29 累计摊销 贷：无形资产 应交税费——应交增值税（销项税额） 资产处置损益
（46）借：无形资产　付 18 应交税费——应交增值税（进项税额） 贷：银行存款
（47）借：材料采购——钢板　付 19 应交税费——应交增值税（进项税额） 贷：银行存款
（48）借：管理费用——研发费　付 20 贷：银行存款
（49）借：固定资产　转 30 应交税费——应交增值税（进项税额） 贷：应付账款——广州汽车公司
（50）借：应付票据——福建宁德钢铁公司　付 21 贷：银行存款
（51）借：银行存款　收 7 贷：预收账款——南宁物资公司
（52）借：银行存款　收 8 财务费用——现金折扣　转 31 贷：应收账款——佛山国美公司
（53）借：材料采购——钢板　转 32 应交税费——应交增值税（进项税额） 贷：预付账款——湖南力强钢板公司
（54）借：原材料——钢板　转 33 贷：材料采购——钢板 材料成本差异——原材料成本差异 登记原材料数量增加

续上表

（55）借：预付账款——湖南力强钢板公司　付 22
贷：银行存款

（56）借：应交税费——未交增值税　付 23
——应交所得税
——应交城建税
——应交教育费附加
——应交个人所得税
贷：银行存款

（57）借：银行存款　收 9
贷：长期股权投资——广信公司

（58）借：材料采购——燃料　转 34
应交税费——应交增值税（进项税额）
贷：应付账款——番禺燃料厂

（59）借：原材料——燃料　转 35
贷：材料采购——燃料
材料成本差异——原材料成本差异
登记原材料数量增加

（60）借：库存现金　付 24
贷：银行存款

（61）借：应付职工薪酬——工资　付 25、转 36
贷：应付职工薪酬——社会保险
——离职后福利
——住房公积金
应交税费——应交个人所得税
银行存款

（62）基本生产车间领料，辅助生产车间领料。
登记原材料数量减少

（63）借：其他应付款——广运有限公司　付 26
贷：银行存款

（64）借：其他应付款——东升机械厂　转 37
贷：营业外收入——无法支付应付款

（65）借：银行存款　收 10
贷：长期借款

（66）借：银行存款　收 11
贷：应付债券——面值
——利息调整

（67）借：财务费用——手续费　付 27
贷：银行存款

（68）基本生产车间领料，辅助生产车间领料。
登记原材料数量减少

（69）借：管理费用——法律费　付 28
贷：银行存款

（70）借：长期应收款——广州华美公司　转 38
贷：主营业务收入——挂壁式空调
——立柜式空调
未实现融资收益
分期收款销售，登记库存商品数量减少

（71）完工产品入库，登记库存商品数量增加

（72）借：应收账款——海南德兴商场　转 39、付 29
贷：主营业务收入——挂壁式空调
应交税费——应交增值税（销项税额）
银行存款
销售产品，登记库存商品数量减少

（73）借：主营业务收入　付 30
应交税费——应交增值税（销项税额）
贷：银行存款
“库存商品”明细账冲减销售数量，用红字登贷方

（74）借：营业外支出——公益捐赠　付 31
贷：银行存款

（75）借：在建工程　付 32
应交税费——应交增值税（进项税额）
贷：银行存款

（76）借：管理费用——办公费　付 33
贷：库存现金

续上表

(77) 借：管理费用——电话费　付 34
　　应交税费——应交增值税（进项税额）
　贷：银行存款

(78) 借：生产成本——辅助——咨询费　付 35
　贷：库存现金

(79) 借：银行存款　收 12
　贷：财务费用——利息收入
　　应收利息

(80) 借：财务费用——利息支出　付 36
　　应付利息
　贷：银行存款

(81) 借：银行存款　收 13、转 40
　　主营业务收入
　　应交税费——应交增值税（销项税额）
　贷：应收账款——海南德兴商场

(82) 借：管理费用——业务招待费　付 37
　贷：银行存款

(83) 借：营业外支出——公益捐赠　付 38
　贷：银行存款

(84) 借：销售费用——广告费　付 39
　　应交税费——应交增值税（进项税额）
　贷：银行存款

(85) 借：管理费用——排污费　付 40
　贷：银行存款

(86) 委托代销发货，登记库存商品数量减少

(87) 借：其他应付款——包装物押金　转 41
　贷：其他业务收入
　　应交税费——应交增值税（销项税额）

(88) 借：投资性房地产——成本　转 42
　　累计折旧
　贷：固定资产——仓库
　　投资性房地产累计折旧

(89) 借：银行存款　收 14
　贷：股本
　　资本公积——股本溢价

(90) 借：固定资产　转 43
　　应交税费——应交增值税（进项税额）
　贷：营业外收入

(91) 借：应付账款——燕山钢铁有限公司　付 41
　　财务费用——汇费
　贷：银行存款

(92) 完工产品入库，登记库存商品数量增加

(93) 借：其他货币资金——存出投资款　转 44
　贷：交易性金融资产——成本
　　投资收益

(94) 借：制造费用——电费　付 42
　　生产成本——辅助——电费
　　管理费用——电费
　　销售费用——电费
　　应交税费——应交增值税（进项税额）
　贷：银行存款

(95) 借：制造费用——水费　付 43
　　生产成本——水费
　　管理费用——水费
　　销售费用——水费
　　应交税费——应交增值税（进项税额）
　贷：银行存款

(96) 借：营业外支出——罚款　付 44
　贷：银行存款

(97) 借：应付职工薪酬(单位 + 个人)　付 45
　　——社会保险
　　——离职后福利
　　——住房公积金
　贷：银行存款

续上表

（98）借：库存现金 贷：银行存款 借：应付职工薪酬——福利费 贷：库存现金	付46 付47
（99）借：银行存款 贷：其他业务收入 应交税费——应交增值税（销项税额） 登记原材料数量减少	收15
（100）借：银行存款 财务费用——贴现利息 贷：应收票据——重庆万德商场	收16 转45
（101）借：应付账款——番禺燃料厂 贷：银行存款	付48
（102）借：固定资产 贷：在建工程	转46
（103）借：银行存款 坏账准备 营业外支出——债务重组损失 贷：应收账款——重庆万德商场	转47、收17
（104）借：长期借款 财务费用——利息费 应付利息 贷：银行存款	付49
（105）借：销售费用——租金 应交税费——应交增值税（进项税额） 贷：银行存款	付50
（106）借：长期待摊费用 应交税费——应交增值税（进项税额） 贷：银行存款	付51
（107）借：管理费用——租金 贷：长期待摊费用	转48
（108）借：管理费用——无形资产摊销 贷：累计摊销	转49
（109）借：财务费用——利息费 贷：应付利息 应付债券——利息调整	转50
（110）借：生产成本 ——基本（挂壁式空调）——工资 ——基本（立柜式空调）——工资 生产成本——辅助——工资 制造费用——工资 销售费用——工资 管理费用——工资 贷：应付职工薪酬——工资	转51
（111）借：生产成本 ——基本（挂壁式空调）——社保费等 ——基本（立柜式空调）——社保费等 生产成本——辅助——社保费等 制造费用——社保费等 销售费用——社保费等 管理费用——社保费等 贷：应付职工薪酬——社会保险 ——离职后福利 ——住房公积金	转52
（112）借：生产成本 ——基本（挂壁式空调）——福利费等 ——基本（立柜式空调）——福利费等 生产成本——辅助——福利费等 制造费用——福利费等 销售费用——福利费等 管理费用——福利费等 贷：应付职工薪酬——福利费 ——工会经费 ——职工教育经费	转53

续上表

会计分录	凭证号
(113) 借：制造费用——折旧费 生产成本——辅助——折旧费 销售费用——折旧费 管理费用——折旧费 贷：累计折旧	转 54
(114) 借：坏账准备——应收账款 贷：资产减值损失	转 55
借：资产减值损失 贷：坏账准备——其他应收款	转 56
(115) 借：交易性金融资产——公允价值变动 贷：公允价值变动损益	转 57
(116) 借：长期股权投资——损益调整 ——其他综合收益 贷：投资收益 其他综合收益	转 58
(117) 借：应收利息 贷：投资收益 持有至到期投资——利息调整	转 59
(118) 借：固定资产 未确认融资费用 贷：长期应付款	转 60
(119) 借：生产成本——基本——挂壁式空调 ——基本——立柜式空调 ——辅助——材料费 制造费用——材料费 其他业务成本 贷：原材料——铝材 ——钢板 ——塑料 ——燃料 周转材料——包装物 ——低值易耗品	转 61
(120) 借：生产成本——基本——挂壁式空调 ——基本——立柜式空调 ——辅助——材料费 制造费用——材料费 其他业务成本 贷：材料成本差异——原材料成本差异 ——周转材料成本差异	转 62
(121) 借：生产成本——基本——挂壁式空调 ——基本——立柜式空调 贷：生产成本——辅助生产成本	转 63
(122) 借：生产成本——基本——挂壁式空调 ——基本——立柜式空调 贷：制造费用	转 64
(123) 借：库存商品——挂壁式空调 ——立柜式空调 贷：生产成本——挂壁式空调 ——立柜式空调	转 65
(124) 借：主营业务成本——挂壁式空调 ——立柜式空调 贷：库存商品——挂壁式空调 ——立柜式空调	转 66
借：发出商品——挂壁式空调 ——立柜式空调 贷：库存商品——挂壁式空调 ——立柜式空调	转 67
(125) 借：税金及附加 贷：应交税费——城建税 ——教育费附加	转 68
借：应交税费——应交增值税（转出未交增值税） 贷：应交税费——未交增值税	转 69

续上表

<table>
<tr>
<td>(126) 借：资产减值损失　　　　　　转 70
　　贷：存货跌价准备
　　　　固定资产减值准备</td>
<td rowspan="2">(128) 借：所得税费用　　　　　　转 73
　　　　递延所得税资产
　　　贷：应交税费——应交所得税
　　　　　递延所得税负债

　　借：本年利润　　　　　　转 74
　　　贷：所得税费用</td>
</tr>
<tr>
<td rowspan="3">(127) 借：主营业务收入　　　　　　转 71
　　　其他业务收入
　　　投资收益
　　　公允价值变动损益
　　　营业外收入
　　　资产处置损益
　　贷：本年利润

利润总额 =5 301 068
借：本年利润　　　　　　转 72
　贷：主营业务成本
　　　其他业务成本
　　　税金及附加
　　　销售费用
　　　管理费用
　　　财务费用
　　　资产减值损失
　　　营业外支出</td>
</tr>
<tr>
<td>(129) 借：利润分配——提取法定盈余公积
　　　　　　　　　　转 75
　　　　　　——提取任意盈余公积
　　　　　　——应付股利
　　贷：盈余公积——法定盈余公积
　　　　　　——任意盈余公积
　　　　应付股利</td>
</tr>
<tr>
<td>(130) 借：本年利润　　　　　　转 76
　　贷：利润分配——未分配利润

　借：利润分配——未分配利润　　转 77
　　贷：利润分配——提取法定盈余公积
　　　　　　——提取任意盈余公积
　　　　　　——应付股利</td>
</tr>
</table>

试算平衡表

2016年12月

单位：元

科目编号	科目名称	期初余额		本期发生额		期末余额	
		借方	贷方	借方	贷方	借方	贷方
1001	库存现金						
1002	银行存款	23 076 641.00		71 354 890.93	60 313 434.34	34 118 097.59	
1012	其他货币资金	2 000 000.00		2 589 036.00	2 310 400.00	2 278 636.00	
1101	交易性金融资产	4 600 000.00		600 000.00	250 000.00	4 950 000.00	
1121	应收票据	22 170 231.00		7 671 690.00	7 671 690.00	22 170 231.00	
1122	应收账款	17 550 000.00		11 666 860.00	22 352 940.00	6 863 920.00	
1123	预付账款	1 250 000.00		306 020.00	299 520.00	1 256 500.00	
1131	应收股利						
1132	应收利息						
1221	其他应收款	30 000.00		9 900.00	4 000.00	35 900.00	
1231	坏账准备		879 000.00	534 304.00	295.00		344 991.00
1401	材料采购	8 879 600.00		19 330 740.00	13 755 740.00	14 454 600.00	
1403	原材料	19 430 000.00		13 561 220.00	14 780 000.00	18 211 220.00	
1404	材料成本差异		138 838.00	27 400.00	87 750.00		199 188.00
1405	库存商品	20 060 500.00		16 340 000.00	25 463 865.50	10 936 634.50	
1406	发出商品			9 990 500.00		9 990 500.00	
1411	周转材料	1 709 200.00		420 000.00	842 000.00	1 287 200.00	
1471	存货跌价准备				92 000.00		92 000.00

（续上表）

科目编号	科目名称	期初余额		本期发生额		期末余额	
		借　方	贷　方	借　方	贷　方	借　方	贷　方
5001	生产成本	9 353 971.00		15 803 307.00	17 064 000.00	8 093 278.00	
5101	制造费用			1 578 812.00	1 578 812.00		
1501	持有至到期投资投资	305 708.00		500 000.00	2 715.00	802 993.00	
1511	长期股权投资	2 800 000.00		9 650 000.00	200 000.00	12 250 000.00	
1521	投资性房地产			446 500.00		446 500.00	
1522	投资性房地产累计折旧				36 500.00		36 500.00
1531	长期应收款			6 800 000.00		6 800 000.00	
1532	未实现融资收益				479 400.00		479 400.00
1601	固定资产	49 932 000.00		18 087 000.00	10 456 500.00	57 562 500.00	
1602	累计折旧		12 793 708.00	1 776 500.00	335 421.00		11 352 629.00
1603	固定资产减值准备				200 000.00		200 000.00
1604	在建工程			3 200 000.00	3 200 000.00		
1606	固定资产清理			8 270 300.00	8 270 300.00		
1701	无形资产						
1702	累计摊销						
1801	长期待摊费用	94 900.00		360 000.00	7 300.00	447 600.00	
1811	递延所得税资产	62 799.00		96 000.00		158 799.00	
1901	待处理财产损溢			6 318.00	6 318.00		
2001	短期借款		15 060 000.00				15 060 000.00

（续上表）

科目编号	科目名称	期初余额		本期发生额		期末余额	
		借方	贷方	借方	贷方	借方	贷方
2201	应付票据						
2202	应付账款		14 040 000.00	8 395 920.00	739 440.00		6 383 520.00
2203	预收账款				1 000 000.00		1 000 000.00
2211	应付职工薪酬		3 309 021.80	3 048 540.00	3 139 237.00		3 399 718.80
2221	应交税费		3 775 345.40	8 588 951.74	7 019 673.18		2 206 066.84
2231	应付利息		1 566 666.65	1 566 666.65	50 000.00		50 000.00
2232	应付股利				9 718 960.00		9 718 960.00
2241	其他应付款		632 813.00	109 200.50			523 612.50
2501	长期借款						
2502	应付债券		972 959.00		5 113 048.00		6 086 007.00
2701	长期应付款		3530 333.40		24 000 000.00		27530 333.40
2702	未确认融资费用			10 000 000.00		10 000 000.00	
2901	递延所得税负债		75 000.00		50 000.00		125 000.00
4001	股本						
4002	资本公积		16 599 311.00		19 100 000.00		35 699 311.00
4003	其他综合收益				50 000.00		50 000.00
4101	盈余公积		10 116 037.00		3 058 092.75		13 174 129.75
4103	本年利润		16 228 217.00	43 049 869.30	26 821 652.30		
4104	利润分配		6 968 207.75	25 547 355.50	33 157 587.75		14 578 440.00

（续上表）

科目编号	科目名称	期初余额		本期发生额		期末余额	
		借　方	贷　方	借　方	贷　方	借　方	贷　方
6001	主营业务收入			22 842 600.00	22 842 600.00		
6002	其他业务收入			3 403 418.80	3 403 418.80		
6101	公允价值变动损益			100 000.00	100 000.00		
6111	投资收益			294 321.00	294 321.00		
6301	营业外收入			161 670.50	161 670.50		
6311	资产处置损益			32 000.00	32 000.00		
6401	主营业务成本			15 470 865.50	15 470 865.50		
6402	其他业务成本			3 161 600.00	3 161 600.00		
6403	税金及附加			85 454.00	85 454.00		
6601	销售费用			694 128.00	694 128.00		
6602	管理费用			1 181 976.00	1 181 976.00		
6603	财务费用			359 319.80	359 319.80		
6701	资产减值损失			292 295.00	292 295.00		
6711	营业外支出			428 696.00	428 696.00		
6801	所得税费用			1 187 000.00	1 187 000.00		
6901	以前年度损益调整			60 000.00	60 000.00		
	合　计						